A VERY SHORT

FAIRLY INTERESTING AND
REASONABLY CHEAP BOOK ABOUT
MANAGEMENT THEORY

管理学的
进化

托德·布里奇曼
（Todd Bridgman）
[新西兰]　　　　　 ｜ 著
斯蒂芬·卡明斯
（Stephen Cummings）

原　理　李璐薇　钟家渝 ｜ 译

中国人民大学出版社
·北 京·

内容简介

基于批判的视角，本书从管理学理论的社会建构、人际关系理论、组织文化和团队、商业伦理等几个方面，带领读者深入了解管理思想史上那些最负盛名的理论背后的故事。理论为何如此呈现，理论为何流行，往往有其历史性的原因，只有回顾历史，回到管理学理论产生的原点，我们才能弄清楚管理学理论本身所具有的情境化价值，更好地进行管理学理论的探索和创新。

作者简介

托德·布里奇曼（Todd Bridgman） 新西兰惠灵顿维多利亚大学管理学院副教授。在剑桥大学取得组织研究博士学位。研究领域包括管理历史、管理教育和批判性管理研究。与马茨·阿尔维森（Mats Alvesson）、休·威尔莫特（Hugh Willmott）共同主编《牛津大学批判性管理研究手册》。担任 *Management Learning* 联合主编，*Academy of Management Learning & Education* 和 *Organization* 期刊编委会成员。其研究荣获 *Human Relations*，*Academy of Management Learning & Education* 最佳论文奖。

斯蒂芬·卡明斯（Stephen Cummings） 惠灵顿维多利

亚大学战略与创新教授，在华威大学商学院取得博士学位。担任管理学会批判性管理研究部联合主席。

主要译者简介

原　理　中国人民大学哲学院副教授，硕士研究生导师，兼任中国企业管理研究会管理哲学专业委员会常务理事、中国人民大学企业管理哲学与组织生态研究中心研究员，在国内外SSCI、CSSCI核心期刊上发表多篇论文，参与多项国家社会科学基金和自然科学基金项目，出版英文专著一部。主要研究领域为管理伦理、中西管理思想比较等。

鸣谢

我们特别感谢 Chris Grey（伦敦大学皇家霍洛威学院），他是一位能鼓舞人心的导师，感谢他写的书催生了本书所属的这部系列丛书（A VERY SHORT, FAIRLY INTERESTING AND REASONABLY CHEAP BOOK）。同时，感谢 Alexandra Bristow（英国开放大学）认同我们写这本书的信念。

感谢多年来同事们对我们的支持和鼓励，他们的研究为本书中所用的方法提供了参考，特别是 Hugh Willmott（贝叶斯商学院）、Gibson Burrell（兰卡斯特大学）、Raza Mir（威廉·帕特森大学）、Mark Learmonth（杜伦大学）、Chris Bilton（华威大学）、Bill Foster（加拿大阿尔伯塔大学）、Christine Quinn Trank（范德堡大学）、Gabie Durepos（圣文森山大学）、Albert Mills（圣玛丽大学）、Bill Cooke（约克大学）、Trish Genoe McLaren（劳里埃大学）、Haridimos Tsou-kas（塞浦路斯大学）、Leon Prieto（克莱顿州立大学）、Si-mone Phipps（中乔治亚州立大学）、JC Spender（福特汉姆大学）、Ellen O'Connor（多明尼克大学）、Scott Taylor（伯明翰大学）、Emma Bell（英国开放大学）、John Roberts（悉尼大学）和 Edward Wray-Bliss（麦考瑞大学）。

本书借鉴了我们与同事所做的研究，这些同事包括 John Hassard（曼彻斯特大学）、Michael Rowlinson（埃克塞特大学）、Kenneth Brown（艾奥瓦大学）、John Ballard（圣约瑟夫山大学）、Colm McLaughlin（都柏林大学）、Richard Badham（麦考瑞大学）、Rebecca Bednarek（惠灵顿维多利亚大学）和 Oliver Pol（惠灵顿维多利亚大学）。如果没有史蒂文斯理工学院、布兰迪斯大学、哈佛大学、塔维斯托克学院和阿克伦大学的图书馆和档案馆工作人员的帮助和指导，本书是不可能完成的。

我们也感谢那些阅读并评论了部分书稿的同事：Ben Walker（惠灵顿维多利亚大学）、Colm McLaughlin（都柏林大学）、Kira Lussier（多伦多大学）和 Mark Hughes（布莱顿大学）。此外，我们还收到了 SAGE 出版集团聘请的匿名审稿人对书稿写作提纲和初稿的许多有益建议。

整个书稿由管理学专业的学生 Zoé Fuller 通读和校对，

他提供了很有见地的评论，并建议我们采用适合读者阅读的风格来写作。

最后，我们感谢 SAGE 出版集团在整个项目中给予的支持，特别是丛书编辑 Ruth Stitt，她委托我们撰写本书，并对初稿提出了意见。还要感谢助理编辑 Martha Cunneen、Jessica Moran 以及制作编辑 Manmeet Kaur Tura。

这本薄薄的小书对于管理学专业的学生以及对管理学感兴趣的读者来说，有着非常重要的价值。不同于那些"正统"的管理学教科书，本书通过回顾管理学经典的思想、理论与模型，一步步揭开蒙在理论上方的面纱，还原管理学的初始模样，了解它们为何且如何改头换面发展到今天。

管理学是一个具有百年历史的学科，相比于一些传统的学科，比如政治学、社会学和经济学等，它还非常年轻。因此，正如本书作者所说，为了提升管理学的学科地位，让知识体系更易于传授，让理论便于在实践中应用，管理学者们一直致力于提高本学科的科学性和专业性。然而，管理学在发展过程中借鉴和引入了其他学科的大量理论，并在一定程度上包装或歪曲了这些理论，导致人们误以为这些理论本就如此。

　　基于批判的视角，本书挑战了主流的管理学教科书所采用的传统的呈现方式，并对过去与历史做了重要区分。作者明确指出，过去是已经发生的事件，而历史则是对过去事件的叙述，因此，有必要回顾现有的管理学理论史，恢复那些被建构，甚至被歪曲的理论的原貌。当然，本书作者也声明，回顾历史的意义并不局限于批判，更在于打破人们对管理学理论僵化的、狭隘的认识，进而提供一个更多元的视角去创造新的历史，迎接新的挑战。

　　本书的写作风格诙谐辛辣，内容引人入胜，读起来酣畅淋漓，虽然作者讨论的是管理学历史上的经典理论，但其审视和批判经典理论的工具是哲学的，因此，作者对管理学理论的思考和评价的深度是其他典型的教科书所不具备的。而且，本书列举了我们当下发生的许多事件，比如新冠疫情等，这说明作者没有停留在理论层面，他们关注现实，希望通过回顾历史来探索发展管理学的更多可能。

　　本书的翻译由我带领李璐薇和钟家渝两位同学共同完成，他们是中国人民大学管理哲学专业优秀的硕士研究生。本书的鸣谢以及第1、6、7章由我翻译，第2、3章由钟家渝同学完成初译，第4、5章及附录由李璐薇同学完成初译，最后全书由我校译。这本书的内容与我们管理哲学专业所研究的问题关联度极高，因此，本书的翻译过程也是我们师生之间学习和交流的过程。让翻译成为学习、研究的一部分，是教书育人过程中非常愉悦的事。

原　理

目录

≫

第 1 章

为什么要写这样一本书？

如果你学过管理学，应该知道很多理论（即使没学过也可能听说过）：亚当·斯密（Adam Smith）的劳动分工理论，马克斯·韦伯（Max Weber）的官僚制理论，弗雷德里克·泰勒（Frederick Taylor）的科学管理理论。在管理学课程中，这些理论会在很早的时候就涉及，通常作为教科书中第 2 章的内容，这一章还会阐述该领域的简要历史。然后，你将学习一些主题，比如，激励、群体动力和组织文化。你也会"遇到"一些理论家，他们的观点构成了这个领域的基础。比如，亚伯拉罕·马斯洛（Abraham Maslow）的激励理论，库尔特·勒温（Kurt Lewin）的群体动力理论以及埃德加·沙因（Edgar Schein）的组织文化理论。本书涉及这些理论和管理学的其他基础理论。本书所谓的"管理学理论"是指那些解释和指导管理实践的思想。这些理论以概念、模型、框架或一般原则的形式呈现。

你可能会问，既然这些理论已经在管理学教科书中得到了充分介绍，为什么我们还需要这本书呢？本章，我们将回答这个问题，解释我们为什么要写这本书，为什么我们认为你应该阅读这本书，并对后面的章节内容进行简要的概述。

　　大学教师通常持有的一个观点是，学生对管理学理论，尤其是那些年代久远的理论并不真正感兴趣。如果你浏览任意一本管理学教科书，你会发现其中介绍的理论大多是几十年前的，它们产生的时代和今天的世界相去甚远。你可能听说过这样的观点，即我们生活在一个 VUCA 的世界里，它以易变性（volatility）、不确定性（uncertainty）、复杂性（complexity）和模糊性（ambiguity）为特征，变化的速度比以往任何时候都快。在一个 VUCA 的世界里，知识变得越来越容易过时。那么，为什么我们要继续介绍那些你不感兴趣并且与当代几乎没有关联的理论？

　　我们已经向数万名本科生和研究生讲授了管理学课程，并且知道，学生对基础理论感兴趣——尤其是当了解理论的起源对他们有帮助时。了解管理学理论的历史可以帮助你更加批判性地思考：为什么某些想法如此流行？为什么它们可能失灵？它们的替代理论是什么？本书的任务就是解释管理学发展的历史价值。这个任务会挑战一些有关管理学理论的假设，包括：理论会很快过时，今天的理论和过去的理论有本质区别，而且比旧理论更好；学习管理学理论主要是为了成为一个更好的管理者。

　　在挑战这些观点的过程中，我们认为过去的管理学理论在今天仍然适用，理解这些理论的起源比以往任何时候都更加重要。我们还认为，这些理论在管理学教科书中的呈现方式以及向学生教授的方式并不利于我们充分认识其潜在价值。遗憾的是，许多教科书呈现的是对理论的歪曲的看法。正如我们在其他章探讨的，这种情况可以部分地归因于教科书需要将理论浓缩为学生易于理解的简化形式。然而，我们也相信，在管理学研究中，意识形态的力量会发挥作用，掩盖了理论家（其中许多人并不是管理学理论家）的原意。理论家的理论被重新包装成管理者的"工具箱"，换句话说，这些理论可以被管理者用于提高雇员的效率和生产率，并提高组织的绩效和盈利能力。在这个过程中，理论被歪曲和误解了。

了解这些理论的错误表达是如何发生的以及为什么会发生，将使我们获得关于管理学发展的宝贵认识，同时也给发展管理学的替代性思维方式创造了空间。鉴于当今世界面临的环境、社会和经济方面的挑战，现在对个人、组织及其工作方式进行更具创造性的思考可谓恰逢其时。

管理学基础理论的相关性

我愿意相信，各种各样的经验和数十年的学术研究会扩展我们的知识基础，因此，当看到 50 年前我们自以为已

> 经掌握的东西及其结论到今天都几乎没有变化的时候，我
> 有些震惊。
>
> 埃德加·沙因（2015a：7-8）

半个多世纪以来，埃德加·沙因对管理学领域的研究做出了巨大的贡献。你可能熟知他的组织文化理论的三个层次：物质层、拥护的价值观和潜在的基本假设（我们将在第4章进一步讨论）。他在推广其他著名的管理学理论方面也很有影响力，比如推广勒温的变革三阶段理论（见第5章）。我们很难想到有谁比沙因更适合评论管理学理论现状了，正如我们在上面的引文中所看到的，沙因认为管理学理论并没有如许多人所认为的那样有很大的进步。

毋庸置疑，每年管理学研究的论文数量都在攀升。在大多数大学里，商学院都很重要，因为社会对商业人才有着大量的需求，而在商学院中，管理学专业的学生人数往往最多。大多数管理学的教师都需要从事研究，近年来，由于在研究方面表现出色的大学可以获得资金和声誉，教师发表论文的压力越来越大。

但事实是，这些研究大多没有什么影响力。教师在高水平的学术期刊上发表文章是有奖励的，并且许多文章在出版商那里需要付费查阅。越来越多的人希望可以免费共享这些

研究成果，但即便是免费的，读者也是有限的。沙因认为管理学研究已经分裂成多个子领域，这些子领域都有它们自己的行话，因此只为少数学术界同行所熟悉。即使学生、雇员和管理人员能够明白这些管理学术语，他们可能也会发现，这些研究只是为了填补该学科基础知识中的一些小空白。

沙因并非唯一对管理学新理论的减少表示担心的人（Alvesson and Sandberg，2012）。我们曾与教科书的作者交流过，他们说现在极难找到可被纳入教科书的新理论，甚至很难找到基础理论之外的更多的新观点。和沙因一样，我们认为管理学研究的发展实际上掩盖而非取代了这个领域创始人的见解。因此，更好地理解这些基础理论，我们将有更多收获。

还有一个问题是，业界的管理研究与学术界的研究缺乏相关性。由于学术界没能提供新的理论，其他人，尤其是咨询顾问，试图用自己的理论来填补空白。沙因认为，这些通常基于调研并以框架的形式来呈现的想法，与学术界的研究没有什么关系。业界的理论是德雷兹内（Drezner，2017）所说的思想工业（ideas industry）的产物，并且经常被意见领袖在 TED 演讲中或社交媒体上热情地宣扬（Bell et al.，2019）。意见领袖"从他们自己独特的视角来解释世界，然后向所有听众宣传"（Drezner，2017：9）。这是有问题的——与那些鼓励人们去质疑和挑战社会主流思想的传统公共知识分子不同，德雷兹内指出，这些意见领袖是"智识的布道者"（intellectual evangelists），他们希望人们不加批判地、无条件地接受他们的思想。这些意见领袖需要真正的追随者。

我们认为重要的是，对这些意见领袖提出的主张应保持怀疑的态度。虽然流行的管理理念的倡导者总是声称自己有新意，但他们所谓的新想法是不是对过去的观点的重新包装？管理思想的周期性和时尚的周期性有着异曲同工之处：思想变得流行，到最终消逝，最后被更"前沿"的思想所取代，只不过是在未来改头换面重现罢了（Huczynski，2006）。看看你父母在你这个年龄的穿着或听一下他们那时喜欢的音乐，你会发现一些差异，然而你也许会发现一些雷同的东西。如果我们对管理学理论的历史一无所知，就无法对那些意见领袖的创新观点做出准确的判断。

因此，我们认为，研究管理学理论的起源有助于我们成为批判性的思考者——这是一种有价值的技能，尤其是在学生时代。大学的一个主要目标是培养智识的独立性——从不同的视角去理解世界，反思所有视角的优势与劣势，最终形成自己的判断。

对流行观点进行批判性思考的时候，让我们关注这样的说法：在今天这样一个 VUCA 的世界中，变化的速度，特别是技术革新的速度，是前所未有的。请记住，这个说法用于论证为什么我们不需要向过去的管理学理论学习。这个世界是否真的比从前变化更快？当然，有证据表明地球气候正在发生快速的变化，但商业世界的变化呢？要回答这个问题，我们需要了解过去。经济学家罗伯特·戈登（Robert Gordon）认为，在过去的 50 年里，与 1870—1970 年的增长率相比，美国的生产力增速在急剧放缓。戈登将这种放缓归因于科技创新不足，没有再出现类似于商业电力、内燃机、制冷技术和电话所带来的颠覆性创新。

我们已经在一定程度上解释了为什么更好地了解管理学理论及其来源很重要。这些理论已经在管理学教科书中得到了广泛的阐述，我们为何还需要在本书中重新审视它们呢？

教科书中的表述正确吗？

你可能玩过一个叫作"传声筒"的游戏。玩家们排成队，第一个人在第二个人耳边低语，第二个人向下一个人重复他听到的内容，依此类推，最后一个人向大家公布他接收的信息，并将其与原始信息进行比较。有趣的是，通常情况下，最后收到的信息与原始信息是不同的。有时玩家在复述时出了错，无意中传递了错误的信息，有时他们也会故意改变信息的内容。

理论在管理学教科书中的呈现方式与这个游戏有相似之处。理论家最初提出的想法和观点往往与呈现给学生的是不同的。这种情况是如何发生的呢？我们认为，和传声筒游戏一样，信息被有意或无意地歪曲了。

我们不想对教科书的作者进行过多的批评，因为撰写教科书需要付出巨大的努力，作者要对这个领域做一个全面的概述，涵盖数百甚至数千项研究。既要考虑版面，同时又要让学生能够理解，作者会对这些复杂的观念进行压缩和简化。这意味着不可避免地，原著中细微的差别和附加说明会被删除。

此外，考虑到教科书内容的广泛性，我们不能期望教科书的作者阅读所有的原始资料。他们有可能借用和改编了其他教科书或其他人撰写的学科史中的基本观点。就像传声筒游戏一样，错误会在复述中延续，重复的信息会越来越偏离原始资料。

因此，错误陈述的盛行就不足为奇了。一个很好的例子是关于情绪的研究。丽莎·巴雷特（Lisa Barrett，2017）是一个神经学方面的专家，她提出了一个关于情绪是如何在大脑中形成的理论，这一理论挑战了人们普遍认可的理论——情绪就像内在野兽，需要通过理性思维来控制。这个"内在野兽"

（inner beast）理论是以查尔斯·达尔文（Charles Darwin）的自然选择理论为基础的，它认为情绪是通过自然选择遗传下来的，存在于大脑的特定部位，会触发人体的反应。所以，如果你看到可怕的东西，你大脑中的恐惧回路（fear circuit）将导致心率加快。这一理论认为我们的行为是大脑控制情绪的部分和控制认知的部分之间斗争的结果。儿童电影《头脑特工队》（Inside Out）中就蕴含了这个理论，影片中，喜悦、悲伤、恐惧、厌恶和愤怒分别是独立的角色，它们互相竞争以影响主人公莱莉（Riley）的行为。这个理论也反映在法律体系中，即认为激情犯罪的时候，人们被情绪所控制，因此可以免除部分责任。

在实验室研究的基础上，巴雷特提出了关于情绪的另外一种解释。她认为，我们之所以不会受与理性思维对抗的动物性情绪的摆布，是因为大脑没有独立的情感和认知系统。而情绪是由全脑网络共同建构的。巴雷特认为自己的理论很新颖，直到她偶然发现 20 世纪 30 年代到 50 年代的一些学术论文提出了同样的观点。虽然这些论文的作者并没有接触过复杂的神经技术，但他们也认为没有足够的证据支持经典的"内在野兽"理论。神奇的是，这些研究从未出现在心理学教科书中。

作为调查工作的一部分，巴雷特阅读了达尔文和威廉·

詹姆斯（William James）的原著，惊奇地发现，达尔文几乎没有提到自然选择，而詹姆斯实际上是在反驳传统上归功于他的那些观点。巴雷特的结论是，对达尔文和詹姆斯的歪曲已经持续了一个世纪。这个发现很重要，因为像脸书、谷歌、苹果和微软这样的公司花费了数十亿美元来开发软件，以便根据经典的理论来解读人们的情绪轨迹；还因为一代代的学生都被传授了错误的观点。

几年前，我们也曾有过类似的经历。当时我们打算寻找库尔特·勒温写的变革三阶段理论，这可能是当今变革管理中最流行的理论。我们讲授这个模型很多年了，却一直无法找到勒温有关这个理论的原始著作。经过一番详尽的搜索，我们发现他对这一理论的表述非常少，而且与教科书上的说法并不相同。正如我们在第 5 章中所说的，我们认为与勒温有关的组织变革模型是由别人在他去世之后开发的，旨在倡导以一种自上而下的、体现领导者智慧的方式来改变组织。而这和勒温的思想几乎没有关系。

我们发现的另一个错误表述涉及马斯洛的需求金字塔，这可能是管理研究中最著名的理论。正如我们在第 3 章中讨论的，马斯洛并没有创建需求金字塔，并且教科书中对他的理论的批评，他在 1943 年提出需求层次理论的论文中就已经预见到了并给出了解释。起初，这是一个非常复杂的理论，如今变成了一个简单的模型,这个模型在教学课件中看起来不错,也很容易让学生记住,但它并不是由马斯洛创建的。

我们并不指望很多学生读过马斯洛在 1943 年写的文章。对于大多数管理学专业的学生来说,他们接触本领域基础理论的途径就是阅读二手资料和教科书。这使得教科书成为非常重要的人工制品(Carroll et al.,2018)。我们认为大部分的误传都是无意的,因为教科书的作者需要将理论进行压缩和简化,从而不可避免地带来原著元素的丢失。然而,正如传声筒游戏一样,其中也存在某种有目的地对原始信息的歪曲,这是原创者未曾预料也会感到不满的。

管理学知识的政治性

为了解释这一点,我们需要了解一下管理学作为一个研究领域是如何发展的。相比于心理学、社会学、人类学和政治学等存在了几个世纪的学科,管理学还很年轻。它的诞生经常被追溯到弗雷德里克·泰勒在 1911 年出版的《科学管理原理》(*The Principles of Scientific Management*)一书(这是错误的,我们在第 2 章中将论证)。

管理学者们一直努力(并成功地)在大学中树立自己的地位,希望将管理学打造成严肃的学科,拥有自己的知识体系并传授给学生。和任何学科一样，管理学需要一部学科史。随着管理学的发展愈加结构化和专业化，第一部试图涵盖整个管理学领域的学科史著作在 20 世纪中期完成。当时还没有多少"管理学理论家"（management theorists），因此为了建立理论基础，这些作者改编了其他学科的一些理论，比如，社会心理学中马斯洛的需求层次理论。理解这一点非常重要，因为这意味着其他学科的理论家的观点需要转换给管理学专业的学生。马斯洛提出的不是管理学理论，但如今被视为管理学理论。将其他学科的著名理论家纳入管理学的经典体系中，的确为管理学领域提高了学术可信度，可是也导致了对这些理论的一些误解。

随着报考管理学专业的学生人数的增加，对教科书的需求也在增加。当今畅销的大多数管理学教科书都是在 20 世纪 70 年代末 80 年代初首次出版的。在此之前的教科书（如 Koontz and O'Donnell, 1955; McFarland, 1958; Terry, 1956）与今天的教科书完全不同。那些书中布满了文字，很少有图表、图片、案例、词汇表或习题。简言之，它们并不是学生友好型的。出版技术的进步催生了一种新式的教科书，它既便于学生阅读，又保持了学术的可信度。在这些新式的教科书中，管理主题被分为若干章，比如，动机、组织设计和管理变革。在每一章中，通常按照时间顺序给出不同

理论和观点的介绍，以展示理论的发展。每一章还包括习题
或案例研究，学生可以借此来检验他们的学习情况。图表使
这个学科看起来实践性很强且学科知识易于检验。

　　我们已经谈及当今最畅销的管理学教科书是如何产生
的。现在，我们把注意力转向管理学教科书的目的。大多数
阅读管理学教科书的人是因为要获取文凭而修了管理学的课
程，所以教科书在向学生提供管理学知识方面具有重要作
用。学校可以根据学生所获得的知识对他们进行评估，希望
学生能够充分掌握这些知识，以获得资格证书或文凭。

　　但事实上，教科书的作者往往还有其他目的，如果你经
常阅读教科书的序言，你就会明白。斯托纳（Stoner，1982）
在 20 世纪 80 年代初期撰写了世界上最畅销的管理学教科
书，如今大多数的管理学畅销书都是在那时完成了早期版本
的撰写。斯托纳当时想做的不仅仅是写一本关于管理学的
书，而是为管理学写一本书。

　　　我试图在这本书中表达我对经理人工作的非常积极的
看法。我选择将读者作为潜在的经理人来看待。事实
上，有时我甚至采用了一种已然把读者作为经理人的语
气，这是有意为之的，我想鼓励读者尽快开始像经理人一
样思考。（Stoner，1982：xv）

大多数管理学教科书都赞同斯托纳的观点，即学生学习管理学是为了将来成为管理者。这就解释了为什么大多数的管理学教科书都是从管理者的角度来写的，书中的知识将被未来的管理者应用到实践中，以提高员工的生产率和组织的盈利能力。回到马斯洛的例子，从这个角度来看，学习需求层次理论是有价值的，因为它可以用来更好地提高员工的积极性。

尽管管理主义（managerialist)① 视角本身并无不妥，但需要了解这种视角如何影响了什么样的理论被纳入教科书，以及它们在书中的呈现方式。我们已经提到了马斯洛和勒温的例子，并且在本书中探讨了这些理论和其他理论。管理主义视角也影响着哪些理论会被排除在教科书之外，我们也将探讨这方面的例子。

关于纳入和排除的决定，以及如何将理论家的原著以简化的形式呈现给学生的决定，都受到价值判断的影响。这些价值判断是主观的（无关方法的对错），实际上它们在一定程度上是政治判断。在 2003 年发表于《管理教育杂志》（*Journal of Management Education*）的文章《作为宣传手段

---

① 管理主义是指相信或依赖职业经理人来规划或管理组织活动，对管理概念、方法和理论高度依赖的一种主张。管理主义视角可能重视的事项见本书稍后的介绍。——译者

的管理学教科书》（Management Textbooks as Propaganda）中，一些知名的教科书作者提出了上述观点。他们被问道："你认为你的教科书是一种宣传手段还是一种意识形态？"宣传手段被定义为"使人们从接受一种信仰、学说或信念转变为接受另一种信仰、学说或信念的传播材料"；意识形态被定义为"反映特定个人、群体、阶层或文化的社会需求和愿望的思想体系"（Cameron et al.，2003：713）。斯蒂芬·罗宾斯（Stephen Robbins）应该说是最畅销和最有影响力的管理学教科书的作者，他回应道：

> 我认为我的书是在支持一种意识形态。当然，所有的教材都在支持某种意识形态。［组织行为学］教材……几乎可以说是在支持一种管理主义视角。这反映了市场与商学院的关系。我们需要考虑生产率、效率、目标等。这极大地影响了研究人员选择的研究问题和教材作者决定纳入教科书的理论。因此，我们是在体现商学院的价值观。（Robbins，in Cameron et al.，2003：714）

上述管理主义视角/意识形态强调权力等级关系，赋予管理者特权，并将效率、绩效和利润视为组织活动应该达到的目的。罗宾斯认为，支持这种意识形态是合适的，因为管理学教育的目的就是培养未来的管理者。因此，教科书不仅是协助大学授予管理学位的工具,它在让学生接纳管理学世界观的过程中也扮演着重要角色。

你学习管理学课程很可能就是为了像管理者一样思考和行动。但我们在本书中反对的正是这种单一的观点。抛开这种令人生疑的断言,即学生可以通过阅读教科书和听课(而非在工作中学习)来训练他们的实践(管理)能力,从管理者的角度来看,问题在于这只是理解组织行为的一种方式而已。

还可以从被管理者的视角来看,我们称之为雇员视角(employee perspective)。相对来说,很少有学生(特别是本科生)当过管理者,但是他们中的一些人或许当过雇员,所以雇员视角可以提供不同的、有价值的见解。管理主义视角(managerial perspective)可能重视效率、生产率和利润,而雇员视角可能重视公正、公平、自主和平等。这不是说管理主义视角对这些不感兴趣,而是说只有当这些视角与它追求的绩效和利润目标一致时,它才有兴趣。

在讨论多样化等话题的时候你可能听说过"商业案例"(business case)一词。商业多样化的理念认为拥有多样化特征的组织是有竞争力的,这些组织的雇员在性别、种族、年龄等维度上更加多样化。这从商业角度来看是有意义的(这通常意味着该组织追求利润最大化),因为不同的人带来不同的想法、观点和经验，会使企业受益。有关多样化的商业案例已经证明的确如此，所以多样化被纳入管理主义视角。但是，构建多样化的组织，让人们拥有平等的成功机会，难道不应该被看作一个理想的目标吗？从把平等和公平置于利润之上的角度来看，这很重要。管理主义视角和雇员视角都是值得思考的。

正如我们将在本书后面看到的，一些从雇员视角出发产生的想法，比如在影响企业的重大问题上给予员工更多的发言权，还没有被商业案例证实，因此，它们往往被排除在教科书之外。所以如果教科书把管理主义视角作为唯一视角的话，学生就只能了解管理学的一个侧面。

大多数管理学教科书在呈现本领域的基础理论的方式上还存在另外一个问题。金·卡梅伦（Kim Cameron）是领导力方面的畅销书作者，他曾被问到与罗宾斯相同的问题："你认为你的教科书是一种宣传手段还是一种意识形态？"卡梅伦同意管理学教科书是宣传性的出版物（就管理主义世界观的特权而言），但他认为，只要教科书中展示的研究符合最高科学标准，就是合法的，"说服学生相信真理——无论看起来多么像宣传，都是一种美德"（Cameron et al.，2003：720）。

管理学教科书喜欢强调它的科学依据。比如，纳尔逊

（Nelson）和奎克（Quick）的《组织行为学》（*Organizational Behavior*）的副标题是"科学、现实世界和你"（*Science, the Real World, and You*）。在序言中，作者指出：

> 科学指的是我们学科广泛而深厚的研究基础。我们的书以传统研究为根基，包含了该领域的经典研究和前沿学术成果。（Nelson and Quick, 2013: xxiii）

我们对此表示怀疑，原因有二。其一，出现在最畅销的教科书中的许多理论，比如马斯洛的需求层次理论，在科学研究中产生了令人失望的结果，正如我们在第4章中详细阐述的那样。其二，我们注意到，并非所有的经典研究都被纳入了教科书。在第6章，我们讨论了斯坦利·米尔格拉姆（Stanley Milgram）的著名的服从实验。米尔格拉姆是位社会心理学家，他在20世纪60年代进行了一系列实验，研究了服从权威带来的危害。这些研究常见于社会心理学教科书中，在组织行为学教科书中却很少见到，其中就包括纳尔逊和奎克2013年出版的那本书。

我们认为这和米尔格拉姆的研究结果与管理主义视角不一致有关。大多数管理学教科书鼓励学生服从他们的老板，因此米尔格拉姆的实验受到排斥并不奇怪。但这令人感到遗憾，因为大学教育应该帮助学生培养批判性思维和独立的智识。

本书的目的

我们没有为传统的管理学教科书描绘出一幅非常讨喜的画面，但是，正如我们之前所说的，我们不想对作者进行过多的批评，因为撰写教科书实属不易。在过去的十年里，我们一直在做一些研究（见附录），这些研究探索了管理学中著名理论的来源以及如何能够更好地把这些理论介绍给学生。有些教科书的作者已经向我们抛出橄榄枝，鼓励我们与他们合作开发可替代的教科书呈现方式（比如我们在本书中提倡的呈现方式）。这表明，人们对新的教科书呈现方式的渴望和需求在日益增加。

虽然我们撰写这本书是为了用于课程教学，但它不是一本传统的教科书。克里斯·格雷（Chris Grey，2005）是本系列丛书的灵感之源。他认为有必要去为学生撰写教科书，但没必要重复标准的教科书的样式。本系列丛书中的每一本篇幅都很短（而不是冗长），价格便宜（与大多数教科书不同），而且相当有趣。在设计上，为了与本系列丛书保持一致，这本书的内容并不全面。我们介绍了许多著名的管理学理论家，但也有许多理论家并未包括在内。因为这是一个非常短的系列，并且我们认为最好对少数理论进行深入研究。在与许多雇主交谈之后，我们了解到这些雇主并不希望毕业生只记住教材中的若干理论，比方说十种激励理论，而是希望他们了解激励理论是如何随时间发展的。雇主看重的是大多数工作都需要的基本技能——沟通能力、分析能力、以新方式看待旧问题的能力，以及批判性思考能力。

本系列丛书的一个显著特点是它的批判性。这体现在我们探索管理学基础理论的方法上，我们对这些理论在最畅销的管理学教科书中的传统呈现方式提出了质疑。这种质疑体现了对过去与历史的重要区分，我们在此解释一下。

对历史的传统看法是，将其看成是对过去发生的事件的真实、客观的描述：这些事件为何会发生，以及谁主导了事件的发生。这种观点认为，虽然我们能够（也应当）从历史中学习，以避免重蹈覆辙，但是我们不应该改变或"重写"历史。我们通过区分过去和历史来挑战这种观点（Jenkins，2003）。我们认为过去是已经发生的事件，而历史则是对过去事件的叙述——我们可以利用与过去的联系来理解现在和未来。如果你接受这种区分，你就必须接受历史是对过去的一种主观的描述。正如我们已经讨论过的关于教科书的问题，那些编写历史的人决定了要突出哪些事件，哪些事件被略微提及或完全省略。他们决定了哪些人(或叙事中的人物)应该被突出,哪些人作用较小或被排除在外。虽然我们承认,历史的编写者在做出这些判断的时候有责任对证据进行权衡,但最终历史是主观而非客观的判断。因为过去的事件不能为自己说话。

因此,本书的目的之一是写出一部别样的管理学理论史。我们采用了法国知识分子米歇尔·福柯(Michel Foucault)的方法,他被称为后现代主义者或后结构主义者,但我们认为他是一位批判历史学家。福柯笔下的历史挑战了传统的历史叙述。传统的历史旨在提供有关"到底发生了什么"的真相,但同时也展示了一种顺应知识进步的叙事。福柯认为传统历史为当权者的行为提供了合法性,其结果是关闭了理解过去的其他路径。他特别感兴趣的是权力关系如何对知识领域进行建构并提供支持,以及这如何影响当下发生的事情。

福柯并不打算揭开"真正的真相",而是要研究这一真相和与之相关的假设是如何被视为理所当然的,并借此对被宣传为真相的东西提出质疑。福柯发展出一种被称为"谱系学"(genealogy)的方法,该方法重点关注联系网络和权力网络是如何建立并支持真相的形成的。他还看到,被宣传为真相的事物具有特殊的效果——一些人和群体获益,而其他人则受损。一般来说，那些有权势的人会获益，那些权力较小的人则会受损。福柯最著名的作品中有一些例子：

● 基于福柯关于心理学和精神病学的科学研究，以及这些研究对现代观点的宣传，即理智或什么是一种正常的、客观的、预设的条件，我们可以把一些人归为正常人，而把另一些人归为不正常的人（Foucault，1985）。

● 他有关惩罚的谱系学研究批判了"监狱是惩罚罪犯的最人道的方式"这一假设。福柯反驳说，监狱是社会复杂系统的一部分，现代社会通过这种方式对公民和劳动者进行"规训"（disciplined），使他们更加温顺和顺从——所有这些都使他们的生产率最大化（Foucault，1979）。关于这一点，我们在第 3 章有更多的介绍。

我们在探讨教科书中的管理学理论时也遵循了类似的过程。我们从"为什么管理学教科书要如此呈现理论"这个问题入手，进而质疑那种一般的回应，即"因为这是对理论家实际作品的好的表述"或"因为这是教育我们的学生的最佳方式"。

值得注意的是，作者并不是唯一决定教科书内容的人。同样具有影响力的是第一批撰写管理思想史的人，比如著作常被教科书作者借鉴的乔治（George，1968）和雷恩（Wren，1972）。教科书的出版商对教科书的内容也具有影响力。一位著名的教科书作者告诉我们，通常出版商会雇用选题开发人员来决定哪些内容应该被纳入教科书。我们通过一系列的例子来探讨理论学家、历史学家、教科书作者、出版商和其他人作为一个社会网络是如何产生传统的管理学理论体系的。基于这些理论被理解的方式，我们考察谁是赢家，谁是输家。

　　这种对管理学理论在教科书中典型的呈现方式提出质疑的过程是一种创造性的活动。如果我们能够接受过去与历史之间的区别，就可以更自由地去创造新的历史，以照亮那些被历史忽略或遗忘的人、地点和思想。例如，我们可以看到，马斯洛不是一个有缺陷的需求金字塔的设计师，而是一个将自由表达视为满足人类工作需求的前提条件的人。如果我们更好地理解勒温关于组织变革的实际表述（比如，促使变革获得最大成功的方法涉及所有利益相关者的合作并就前进的路径达成一致），就可以为管理变革创造不同的基石，而不是不加批判地将变革三阶段理论简单地归功于他。

　　通过以不同的方式看待过去，我们可以创造性地采用一种新的方式来思考管理学和管理实践，以应对今天和未来的挑战。

本书的框架

我们希望本书被用来教授管理学，因此本书在结构上与普通的管理学教材非常相似，各章的内容都聚焦于主要的管理学问题。在每一章的结尾，我们陈述了"批判性见解"。这些见解总结了通过批判性思考，我们可以从那些通常被畅销教科书列入和排除在外的理论当中学到些什么。

第 2 章重点介绍了管理学教科书中出现的早期的理论学家，包括亚当·斯密、马克斯·韦伯，弗雷德里克·泰勒和玛丽·帕克·福莱特。我们讨论了这些理论在典型的教科书中的呈现方式，以及我们为什么要质疑。

管理学进化的传统说法呈现了一个从科学管理的黑暗时期转向人际关系（human relation）的开明时期的线索，人际关系时期将员工的社会需求作为管理者考虑的首要因素。第 3 章讨论了颇有影响力的一些激励理论。我们认为传统的历史描述掩盖了激励理论的局限性：员工的工作动机既来自满足其社会需求的激励，也来自恐惧和长期的监视。

第 4 章介绍了有关人格、群体动力和文化的理论，并分析了管理学教科书对它们的描述。我们还介绍了其他的理论，这些理论认为，将人格与工作匹配，创建有凝聚力的团队和组织文化会扼杀独立思考、创新和创造力。

第 5 章探讨了有关领导力和变革的理论，这两者有着密不可分的联系。我们展示了今天流行的基于人格特质的领导力理论在很大程度上是对过去那些不受欢迎的观点的重新包装。一些观点失宠的原因是，那些拥有理想人格特质的人有时是具有可怖愿景的自恋狂。众所周知，基于人格特质的领导力是变革理论的核心，我们认为这也是造成变革懈怠和变革犬儒主义的原因。

第 6 章，我们重点讨论了商业伦理和企业社会责任。我们认为，虽然道德理论提倡道德管理者的理想，但它们忽略了道德的重要方面，比如政府的作用。我们还挑战了传统教科书中把商业伦理和企业社会责任作为一个新话题的做法，即关于企业高管的道德和企业社会责任的讨论要比教科书中所说的更早。对这段历史的分析为我们如何应对目前的挑战提供了洞见。

第 7 章，我们对质疑管理学教科书中代表性的理论的价值进行了思考。我们希望教科书能有更好的改进，同时也承认改进并非易事。我们还将书中的 20 个批判性见解总结到了表 7-1 中，方便你修改其中的内容。

最终，希望我们关于管理学理论历史的介绍能够激发创新。我们希望它们能够鼓励你重新思考管理是什么，以及如何在未来以不同的方式（和更好的方式）开展管理实践。我们认同勒温的一句话（很可能他从未说过）："没有什么比一个好的理论更实用的了。"

第 2 章

古典学派：重新审视
管理学理论的基础

本章是第 2 章，它之所以重要，是因为在几乎所有的管理学教材中，第 2 章都会阐述管理学基础理论。这种安排是一种强化模式。第 1 章定义了管理，第 2 章则展示了管理是如何随着时间的推移而出现的。随后几章则概述了在不同的传统管理学子领域中，诸如激励、群体动力与领导力是如何从这个起点出发得到发展的。最后几章与被视为新的或当代的主题有关，如商业伦理、可持续发展与创新——我们认为这些是前人没有考虑的主题。

问题在于，与大多数将一段历史整理为一段井然有序的叙述，以证实当下某种特定观点的尝试一样，虽然我们在复杂的生活中向前发展，但我们要回望过去来帮助理解。用丹麦哲学家索伦·克尔凯郭尔（Soren Kierkegaard）的话来说，我们事后才理解过去的意义，寻找并发现简单的线性因果关系。

正如我们在第 1 章中指出的，最初的管理思想史著作写于 20 世纪中叶，其写作方式反映了当时人们对于管理的看法。这种看法认为，管理是为了取得更高的效率，期望的产出是财务上的产出，管理者工作的组织具有像三角形一样的层级结构。最初的管理思想史依靠回顾过去来发现当下是如何形成的。也正是这些管理思想史为 20 世纪 70 年代和 80 年代的教科书编写者提供了用以构建书中第 2 章的材料。这些教科书中最受欢迎的部分一直延续出版至今（通常已经出到了第 18、19 版甚至是第 20 版），并且由于章节几乎没有发生变化，那些关于管理本质的看法也基本上没有受到挑战。

在本章中，我们将从不同的视角再次审视早期的（或古典的）管理学理论：弗雷德里克·泰勒的科学管理理论；被视为自由市场资本主义、工业革命和关注效率的科学管理的奠基人，亚当·斯密的劳动分工理论；马克斯·韦伯所拥护的官僚制理论；"管理学之母"玛丽·帕克·福莱特的动态管理理论。我们将从一个更加广阔的视角来关注这些理论，以表明它们能够重新被诠释，并帮助我们用不同的和创新的方式去思考我们当下所面临的管理挑战，而不是强化我们现在多么睿智，前人的思想多么简单这样的刻板印象来束缚自己。

泰勒与科学管理

许多人把 1911 年作为管理学的起点，因为这是"弗雷德里克·泰勒的《科学管理原理》出版的年份。他开创性的著作描绘了一种科学管理理论"（Robbins et al.，2016：27）。

泰勒（1856—1915）出生于费城的一个富裕家庭。他没有跟随父亲进入法律界，最终进入了钢铁行业。他最初从学徒开始做起，而后成了工人与机械师，先是在米德维尔钢铁厂（Midvale Steel Works）工作，后是在伯利恒钢铁公司（Bethlehem Steel Corporation）工作。泰勒相信雇主与雇员有着共同的目标，即打造一家成功的企业。然而，他认为双方都陷入了一种敌对的思维倾向之中，这导致效率极低。雇主试图尽可能地压低工资，相信这会增加利润，而雇员的产出只达到了他们产能的 1/3。这部分是由于懒惰（泰勒称之为"本性磨洋工"（natural soldiering）），部分是由于工人故意限制产量，以免自己或同事失业（泰勒称之为"系统磨洋工"（systematic soldiering））。许多工人每天的工资是固定的，这就意味着无论他们的产出如何，他们都能得到相同的工资。那些从事计件工作的工人则发现，如果他们提高了产出，那么管理层通常会降低计件工资率。泰勒认为，造成生产率低下的第三个原因是糟糕的工作方法。完成工作任务的方法已经被工人代代相传，但这些方法效率低下——它们并没有最大限度地发挥工人或机器的潜力。

泰勒寻求的"最大限度的富裕"（maximum prosperity）只能通过对工作方式的彻底重新设计来实现，以使工人与机器的产出最大化。他的新方法（1911：36 - 7）包含四条管

理原则①:

> "第一,找出工人完成每个动作的科学方法[以选出一种最佳的方法。 这]代替了过去单凭经验工作的方法。"
> [从表面上看,科学在这里意味着开展一种工时与动作的研究,以确定最有效率的劳动分工与工作流程。]
> "第二,科学地挑选工人,对其进行培训和教育,使之成长成才,而不是像过去那样由工人选择各自的工作,并各尽其能地自我摸索。"
> "第三,与工人密切合作,以确保所有工作都[是]按照制定的科学原则完成的。"
> "第四,管理者与工人的工作和职责几乎是均分的。管理者应该从事那些自己更擅长的工作"[这意味着管理者负责所有工作的规划、指导与控制,而工人则负责工作的完成]。

　　泰勒通过在伯利恒钢铁公司与一名叫施密特(Schmidt)的荷兰裔工人进行实验来说明其管理原理的可行性。施密特是一名生铁装载工,他的工作是搬起一块生铁(重92磅或

---

① 对四条管理原则的翻译参照了泰勒《科学管理原理》的中译本,参见泰勒.科学管理原理[M].马凤才,译.北京:机械工业出版社,2007:27。——译者

约 41 千克），爬上木板，然后将它扔进火车车厢。泰勒观察到施密特与他的同事每天装载大约 12.5 吨生铁。泰勒相信，如果他科学地重新设计工作流程来使工作的效率最大化，并且如果付给施密特更多的报酬，那么施密特就能够显著地提高产出。泰勒之所以选择施密特作为研究对象，是因为施密特强壮且健康（他能够早上跑步上班，晚上跑步回家），而且他还需要额外的钱来盖房子。奇怪的是，对于泰勒来说，施密特似乎还具备另外一个特性使他成为有吸引力的研究对象，因为他"心灵迟钝"（mentally sluggish）（Taylor，1911：46），他关心钱财，而不关心所要完成的工作的困难程度。在科学管理理论的指导下，管理者思考，而工人则工作。泰勒更喜欢那些不太喜欢思考的工人。

泰勒每天付给施密特 1.85 美元的报酬（远高于他当时 1.15 美元的工资），并告诉施密特他必须严格按照经理的指示行事。

> 当他告诉你搬起生铁并移动时，你就搬起生铁并移动，当他让你坐下休息时，你就坐下休息。你整天就这么做。此外，不能顶嘴。① （1911：46）

---

① 此处翻译参照了泰勒《科学管理原理》的中译本，参见泰勒. 科学管理原理 [M]. 马风才，译. 北京：机械工业出版社，2007：35。——译者

施密特答应了，接下来的一天他装载了 47.5 吨生铁，并且根据泰勒的说法，他在接下来的三年内都保持了这一产出水平。泰勒的实验证明了科学管理在提高效率与生产率方面的巨大潜力。

科学管理对汽车工业的变革

在 20 世纪之交，生产发动机的工人都是行业工会的成员。他们控制着工作得以完成的方式与速度。汽车制造商为熟练的工匠亲手缓慢而仔细地制造汽车而感到自豪。这一过程耗时数周，工人为自己创造的产品而自豪，尽管这一劳动密集型工艺意味着这些制造汽车的人中很少有人能够买得起汽车。而当亨利·福特（Henry Ford）开发了 T 型车（Model T）时，这一情况发生了改变。为了让大众能够买得起汽车，福特想更高效地生产汽车，同时他对科学管理有着强烈的兴趣。

按照泰勒的原则，福特将汽车的生产过程重组，将其变为简单、可重复的步骤，这也就意味着不再需要熟练的工匠。工人可以被轻易地训练去做任何工作，譬如制造轮胎，这项工作以前由一个人完成，而现在被分解为 100 个步骤，由不同的人使用不同的机器来完成。之前每辆汽车都是在固定的木制支架上从头开始制造的。福特有个更好的主意——与其让工人围着汽车工作，不如让工人待在一个地方，让汽车从他们身边移动。这便是移动生产线的诞生。

由此获得的效率提升是巨大的，但工作的本质已发生改变，高技能的工作变为低技能的工作。而工人工作的速度由自己掌控变为由生产线的速度所控制，后者是由管理层操控的。T 型车给福特带来了巨额利润，为了让工人都接受他新的生产方法，福特提出将工人的工资提高一倍，达到每天 5 美元。他被热情的求职者包围，但这种热情是短暂的。查理·卓别林（Charlie Chaplin）在其 1936 年的电影《摩登时代》（Modern Times）中捕捉到了这种情绪，影片以他所扮演的工厂生产线上的工人作为开场。当工人们在新的一天开始涌入钢铁厂时，经理（坐在办公桌前，全神贯注地玩着拼图）便停下来命令加快生产线的移动速度。查理的工作很单调，就是将生产线上快速移动的螺母拧紧，他过着可怜的生活，经常受到站在他身边的工头的斥责。

如果你学习过一门管理学导论的课程，那么你可能很熟悉我们介绍的泰勒与施密特的故事——这是管理学研究传说中的一部分。你也可能很熟悉亨利·福特将科学管理理论加以运用的故事，美国的一部纪录片《生产线上》（On the Line）（1924）讲述的就是相关内容。据说，科学管理理论之所以流行，是因为像亨利·福特这样的企业主希望提高效率。

然而，人们在很大程度上忘记了，如果没有自然环境保护主义者——那些关心减少不可再生资源浪费的人，或者我们今天称为持可持续性观点的人，科学管理理论可能永远也不会得到普及。了解这个被遗忘的过去可以让我们思考科学管理的另一遗产，我们在下一节中加以探讨。

科学管理理论的新历史

在一本名为《改变一切：气候危机、资本主义与我们的终极命运》（*This Changes Everything：Capitalism Versus the Climate*）（2017）的畅销书中，本书作者娜奥米·克莱因（Naomi Klein）指出，我们这个时代面临着一种前所未有的冲突，这种冲突存在于资本主义发展与对环境保护的较量之中。虽然我们同意克莱因的这一观点，即冲突是真实存在的，但她认为我们以前从未经历过这种冲突，她还认为今天对于可持续性以及管理对环境影响的关注仅仅是现代人才注意到的，这种想法也是错误的。事实上，这一冲突是导致管理研究得以形成的一个重要基础。克莱因的错误断言表明，我们对于管理历史的看法并不准确或全面，不然，我们也许能够产生更多的想法以应对今天所面临的挑战，因为这些挑战曾被一些非常聪明的人遇到过。

　　管理学教科书在介绍科学管理理论时着重讨论泰勒，是因为人们认为是他发展并推广了科学管理理论。但事实上，科学管理理论之所以流行起来，是因为一个特殊的问题：如何控制大型企业在美国的疯狂扩张。1901 年，在一个从镀金时代（Gilded Age）向进步时代（Progressive Era）过渡的关键时刻，西奥多·罗斯福（Theodore Roosevelt）当选为总统。他的环保政策使得他与镀金时代主张快速工业扩张的"英雄们"，如安德鲁·卡内基（Andrew Carnegie）与摩根（J. P. Morgan）敌对了起来。到 1906 年底，美国西部有影响力的商业利益集团与东部的保守派联合起来，反对罗斯福对工业增长进行限制的尝试，在他们看来，工业增长是"美国梦"的关键部分。

　　罗斯福要让公众相信政府应该约束自由市场资本主义，后者正在破坏自然环境并撕裂国家的社会结构。他的一位顾问，负责林业部门的吉福德·平肖特（Gifford Pinchot），建议罗斯福将重点放在他所说的环保上——为了子孙后代要对稀缺资源进行积极的管理。虽然环保运动的种子可能是作为一项与保护森林有关的附加品而生长起来的，但罗斯福成功地将环保普及为当时最受人关注的话题。

当罗斯福的总统任期于 1909 年结束后，他的环保政策变得岌岌可危，波士顿一名叫作路易斯·布兰代斯（Louis D. Brandeis）的进步派律师将之作为新闻报道。虽然布兰代斯"人民律师"的绰号与他为了普通人的利益而反对大企业的特殊利益有关，但这也反映了他有能力通过媒体巧妙地推广他所代表的事业，以获取公众舆论的支持。

1910 年，布兰代斯着手处理了一起官司：东部铁路公司费率案，这导致管理学成为一个重要的研究领域。东部铁路公司（Eastern Railroad Company）想要提高其运费费率。布兰代斯代表公司的企业客户认为费率的提高是不公平的，将使企业破产。布兰代斯争辩说，如果铁路公司通过新的生产方式减少浪费，那么费率能够保持不变，铁路公司的收益甚至能够增长。为了证明这一点，他召集了一组工业专家进行研究。这组人包括亨利·甘特（Henry Gantt）（甘特图的发明者）与弗兰克·吉尔布雷思（Frank Gilbreth）。后者与其妻子莉莲（Lillian）采用科学管理原则养育了 12 个孩子。他们的儿子小弗兰克·吉尔布雷思（Frank Gilbreth Jnr）与女儿欧内斯廷·凯里（Ernestine Carey）在《儿女一箩筐》（*Cheaper by the Dozen*）（1948）中讲述了他们的童年，这部小说后来被翻拍成好莱坞电影。甘特与吉尔布雷思曾读过泰勒在 1903 年出版的《车间管理》（*Shop Management*）一书，并热衷于让泰勒参与其中。布兰代斯也对泰勒的思想表示欣赏，但他不喜欢泰勒给这些想法取的名字：泰勒系统（Taylor System）、车间管理（Shop Management）、职能管理（Functional Management）。为了赢得公众的支持以及这场官司，布兰代斯重新对这些思想进行命名，将它们称为"科学管理"（Scientific Management）。

　　起初，泰勒并不热衷于参与这项研究。他不喜欢"科学管理"这个词，并且对他的效率系统没有像他所期待的那样受到欢迎而感到沮丧。但当他看到布兰代斯引发了公众的关注时，他的想法发生了改变。1910 年 11 月 21 日《纽约时报》（*New York Times*）上一篇文章的大标题是："铁路公司每天能够省下 100 万美元：布兰代斯说科学管理能够做到"（Copley，1923）。最终，布兰代斯在泰勒的帮助下赢得了这场官司，第二年，他将自己的观点写入了第一本关于科学管理的书《科学管理与铁路公司》（*Scientific Management and Railroads*）（Brandeis，1911）。该书的第一行这样写道："科学管理是效率运动中的一个重要方面，它表达了一种新的哲学，即将环保的设想视为工业活动的核心动机。"（1911：4）

　　虽然在今天看来，相信环保给管理研究插上了翅膀多少有些牵强，但泰勒在当年的晚些时候出版的另一本书中为这种说法提供了进一步的证据："罗斯福总统在白宫向各州长讲话时曾预示：'保护我们国家的资源，只是提高全国性效率这一更重大问题的前奏。'"（1911：1）环保运动的发展鼓舞着泰勒，也给他带来了新的目标。泰勒意识到，不仅诸如森林、煤炭和铁等自然资源正在被浪费，"更多的是人力资源上的损失"（1911：1）。①

为什么传统的管理思想史忽视了环保运动？

如果过去人们曾清楚地理解环境保护与科学管理之间的关系，那么为何我们现在无法看到这一点呢？为何我们将泰勒而不是布兰代斯视为管理学的"奠基人"呢？布兰代斯后来成就斐然（他于1916年成为最高法院的法官），但他的最高成就是在法律领域，并且他对于成为管理学领域的引领者毫无兴趣。此外，泰勒在1915年去世之前，已经吸引了一批追随者，他们以顾问的身份执行科学管理原则。这些顾问希望泰勒的名声能够进一步提高。

因此，当乔治、钱德勒（Chandler）和雷恩在撰写早期的管理思想史时，泰勒便成为比布兰代斯更具吸引力的人选。将一个工程顾问而非律师作为叙述的中心人物是合理

---

① 以上的翻译参照了泰勒《科学管理原理》的中译本，参见泰勒.科学管理原理 [M].马风才，译.北京：机械工业出版社，2007：28。——译者

的。这些管理思想史关注的重点是泰勒的效率理念是什么，而非它是如何以及为什么产生的。这些管理思想史为 20 世纪 70 年代和 80 年代的管理学教科书提供了参考，今天许多流行的教科书的第一个版本就是在那时撰写的。可在这些教科书里，在罗斯福时代曾经大放异彩的环保运动已被遗忘了。

　　为什么这些事实重要呢？那种认为管理研究起源于对大企业疯狂扩张的担忧，而环保可以解决该问题的想法，在现在看来有些牵强。然而，了解缘由，或许可以激励我们用不同的方式看待管理学。如果罗斯福与布兰代斯被视为管理学的先驱，那将会怎样呢？如果今天管理的目标与它在 100 年前被定义的一样——在尽可能长的时间内为大多数人带来最大的利益，那将会怎样呢？我们可能不会做出娜奥米·克莱因那样的判断，即认为我们正在第一次经历资本主义发展与环境保护之间的冲突。我们将会理解对于可持续性的关注是管理学研究的起点，尽管这在许多人看来是近年来才有的事情。

　　正如我们将在第 3 章中所探讨的那样，科学管理理论在管理学教科书中已经有了一个不好的名声，因为它创造了枯燥的工作，使人意志消沉。这些批评是有道理的，但是我们应该记住的是，科学管理理论为我们带来的并不止这些，其中一些方面能够帮助我们应对当下的挑战。例如，我们可以利用科学管理理论去改进粮食收获技术，以及食品的储存、运输、包装与销售。这一理论可能有助于我们解决高达30％的食物浪费问题。根据联合国政府间气候变化专门委员会（Intergovernmental Panel on Climate Change）的数据（Irfan，2019），这些食物浪费导致了全球10％的温室气体排放量。零废弃并不是一个新理念。它是被管理思想史遗忘的一个基本原则。

斯密：伦理先于经济

我们在第1章中谈到了管理学研究是如何在大学中从更为成熟的研究领域（如心理学与经济学）中崭露头角并得到重视的。对于管理学研究来说，拥有一段能够与过去的伟大思想家相联系的历史是重要的。著名的经济学家亚当·斯密（1723—1790）便是一位让管理学的历史更为辉煌的人物。

斯密不仅对管理思想史的发展起了很重要的作用，他在1776年出版的《国富论》（*The Wealth of Nations*）一书更是被视为经济学的奠基之作。即便你没有学过经济学或管理学，你可能也听说过斯密，因为在为资本主义的自由市场或自由放任进行辩护以反对政府干预商业事务时，经常提到他的名字。在《国富论》中，斯密这样写道：

> 我们每天所需的晚餐，不是出自屠户、酿酒家或烙面师的恩惠，而是出自他们自利的打算。我们不说唤起他们利他心的话，而说唤起他们利己心的话。我们不说自己有需要，而说对他们有利。① (*The Wealth of Nations*, 1776/2012：I.ii.2)

一般来说，从这段话中我们可以认识到，如果商人在商业活动中都追求自身利益的最大化，那么从总体上来说，我们都会过得更好。斯密谈到，社会由一只"看不见的手"所引导，它指引自由市场产出有益于每个人的结果。

这些观点影响着政府在资本主义制度中的角色设定。倘若市场中"看不见的手"让每个人都受益，那么政府就不应该试图限制这些市场力量，不管它是多么善意地想要解决不平等或其他的社会问题。在第 1 章中，我们讨论了传统的管理学教科书如何鼓吹管理的价值（managerial value）——生产率与效率，但利润的最大化与自由市场资本主义也属于被宣传的价值。我们很容易明白，对于经济学与管理学研究

---

① 此处翻译参照了斯密《国富论》的相关中译本，参见斯密.国富论 [M].郭大力，王亚南，译.北京：商务印书馆，2015：12。——译者

来说，拥有像斯密这样的著名历史人物的背书是很有吸引力的。

在管理学教科书中，斯密也被认为是第一个提出劳动分工的人，我们也可以将劳动分工称为工作的专业化。这种将工作分解为简单、重复性任务的想法被弗雷德里克·泰勒在其科学管理理论中采用。在《国富论》中，斯密以一家制针厂为例，说明了如果工人各自独立完成制针的所有工序，那么他们的产出只是由每个工人专门承担一到两个工序时产量的极小部分。这是因为专业化的工人能够熟练、快速地完成他们各自的简单任务。同时，他们从一项任务过渡到另一项任务时也不会浪费时间，并且更有可能发现更为高效的工作方法。

对于商学院，尤其是对于管理学与经济学研究来说，斯密是一位重要的历史人物。然而，这样的斯密只是真实的斯密的简化卡通版本。教科书中仅仅狭隘地关注了他的一些观点，却忽略了他的另外一些思想，对于理解斯密是如何以及为何产生这些观点的，它们没有提供什么见解。那些20世纪中期极具影响力的管理史学家声称，斯密"提倡自由放任的资本主义"（Wren，1972：23；George，1972）。但斯密在他本人的作品中从未使用过这个表述，该观点是他所批判的一些法国作家所提倡的。斯密只在《国富论》中提到过一次

"看不见的手"的隐喻。他并没有说利己主义是人类事务乃至经济生活中唯一重要的原则，他指出在许多情况下，自利行为可能对社会有害。然而，这些似乎从未在管理学与经济学的教科书中提及。

另一个常被忽略的要点是，《国富论》并不是斯密的唯一著作，也可能不是他所认为的最重要的著作。在《国富论》发表的 17 年前，他出版了《道德情操论》（*The Theory of Moral Sentiments*），在书中他一开始就驳斥了利己主义，或者其导师、哲学家大卫·休谟（David Hume）所称的"自利假说"（selfish hypothesis），斯密这样写道："无论人们会认为某人怎样自私，这个人的天赋中总是明显地存在着这样一些本性，这些本性使他关心别人的命运。"[①]（*The Theory of Moral Sentiments*，1759/2010：I. i. 1）斯密认为，我们能够感同身受地理解他人。当我们看到有人身处苦难之中时，会心生怜悯并想去帮助他们。其他人也会这样做，由此我们便实现了互惠。在斯密看来，这一道德情感的理论描述了社会是如何进步的。

斯密在《国富论》中发展了这一主题。人与人之间的道德情感为劳动分工提供了必要的信任，因为只有当我们相信

---

　　① 此处翻译参照了斯密《道德情操论》的相关中译本，参见斯密. 道德情操论 [M]. 蒋自强，等译. 北京：商务印书馆，2014：5。——译者

他人能各尽其位（do their bit）时，劳动分工才能顺利进行。并且如果他们尽了自己的本分，我们才能够相信他们会进行公平的贸易，或如斯密所说的公平地进行交易与物物交换（truck and barter）。以这种方式进步的社会将比不以这种方式进步的社会更好。

因此我们可以说，正是斯密的道德情感的伦理体系——或者说共情——构成了劳动分工这一管理理念的基础。这将更符合商学院以外的学科对于斯密的理解——作为一位道德哲学家，而非一名经济学家。我们还应该记住，虽然斯密是自由市场资本主义的代表人物，但《国富论》在其最后一篇（第五篇）中论述的是政府如何进行干预以削弱由自由放任的资本家追逐私利所带来的对经济的消极影响。

为什么教科书会片面地描述斯密的思想呢？一种愤世嫉俗的看法是，那些从基于私利的经济体系中获益的人，以及那些想要建立一个学术领域的人，从斯密的著作中挑选了那些能够证明他们所偏好的观点的部分，而忽略了其他部分。一种更为友好的解释是，当早期管理思想史被编写时，作者们在他们所仰慕的学科——经济学——中寻找线索，这时候，在经济学领域，斯密已经被简单地误认为是一名早期的新古典经济学教授。

韦伯与组织的形态

马克斯·韦伯（1864—1920）与弗雷德里克·泰勒和亚当·斯密一并被视为管理学领域最杰出的创始人。倘若你阅读了管理学教科书，那么你将韦伯视为一名管理学理论家便情有可原，因为他发展了官僚制理论。当我们要求学生描绘他们为之工作的组织时，这一组织理论便向我们展现了出来。大多数学生画的组织图是一个由线条与方框组成的代表着正式职位与权力链条的（大致的）三角形——这就是官僚制组织形式的基本特征。

20 世纪 60 年代，阿尔弗雷德·钱德勒（Alfred Chandler）在撰写第一部管理史《战略与结构》（*Strategy and Structure*）时，从韦伯那里获得了定义商业企业的核心特征的灵感："它包含着许多不同的经营单位，并由高管管理"（Chandler，1962：1，见图 2-1）。对于钱德勒这样的历史学家而言，才华横溢的韦伯显然是一块基石，后者在其作品中聚焦于官僚制组织形式的研究，并发展出了一套理论来解释现代企业的出现。

20 世纪 70 年代的管理学教科书对韦伯也很友好，它们将官僚制理论描绘为一个伟大的理论，解释了组织如何变得

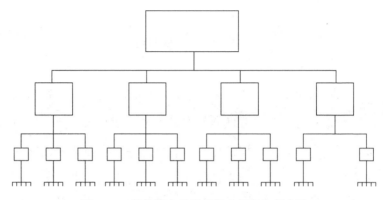

图 2 - 1　钱德勒有关组织的官僚形态的表达

更有效率。然后，在 20 世纪 80 年代和 90 年代，随着这一
理论的失宠，各种版本的教科书逐渐从越来越负面的角度来
评价韦伯。

　　回想一下我们在第 1 章中对于过去与历史的区分。历史
是我们构建的关于过去的叙述或故事。它在当下被撰写，因
而倾向于反映当下的关切。管理学教科书对于韦伯的评价的
转变说明了历史的流变——随着人们对官僚制理论的态度的
转变，人们对韦伯对于管理学研究的贡献的理解也发生了
改变。

　　今天，舍默霍恩等（Schermerhorn et al. , 2020）撰写的
教科书对于韦伯思想的刻画是有代表性的。我们被告知，韦
伯认为，组织之所以未充分发挥其潜能，是由于管理者是凭
借其家庭关系或社会地位而非个人能力获得他们的身份的。

"韦伯思想的核心是一种特殊的组织形式——官僚制，一种他认为可以纠正上述问题的组织形式。"（2020：41）韦伯认为的"理想的、具有理性意识的、非常高效的组织形式"（2020：41）是基于以下原则建立的：

- 明确的劳动分工
- 明确的权力层级（如图 2-1 所示）
- 正式的规则与程序——基于书面文件做出决策
- 非人格化——根据规则来管理员工
- 基于业绩的职业发展路径——员工依据其能力获得提拔与晋升

今天的教科书中的介绍是，虽然韦伯由衷地相信官僚制组织会成为高绩效的组织，但优秀的管理者现在知道这类组织在本质上存在缺陷。官僚制下，存在过多的规则或繁文缛节，组织环境变化时反应迟缓，员工态度冷漠——在今天这个需要灵活快速应对变化（或 VUCA）的商业世界中，官僚制是不适合的（Schermerhorn et al.，2020）。

赫克歇尔（Heckscher）的后官僚制（post-bureaucracy）理论（1994）是对韦伯官僚制理论的改进。在赫克歇尔的理想型组织（ideal type）中，对于关系的强调取代了对于结构的关注，组织中的每个人都对组织的绩效负责，而不是专注于个人在权力层级中的地位。规则被对话与达成共识取代，工作任务基于绩效而非层级进行分配，人们被视为个体，他们所处的特定环境受到关注，组织的边界是开放的。

后官僚制理论的思想体现在职业模式上。官僚制组织中的工作通常被认为是"铁饭碗"，但后官僚制组织对于雇用外部人员持开放态度。技术的进步意味着工作不需要在现场或在办公室中进行，也意味着工作能够在不同的时间进行（而不是在传统的工作时间，即周一至周五，上午9点至下午5点）。此外，尽管在官僚制组织中，结构与规则被认为是永久性的，但在后官僚制组织中，人们期待着持续的改变。

当今最畅销的管理学教科书中将上述两种理论简单地描述为：官僚制是坏的，而后官僚制是好的。韦伯的初衷是好的，但我们现在意识到官僚制有着当时所未能预见的问题。

我们认为，这样的叙述对于韦伯来说是不公正的。韦伯从理论上解释了整个社会权力形式的转变，即从传统的权力（traditional authority）（我们这样做是因为我们一直这样做）、魅力型的权力（charismatic authority）（个体的个人权力）转变为合理的法定权力（rational-legal authority）（来自遵守规则）。

韦伯确信官僚制组织"从一种正式技术的角度来看，总是最合理的类型"，但它只表现出"相对于其他形式的技术优势"（Weber，1948：337，214）。他明白为什么官僚制会受到欢迎。当时，组织的迅速发展意味着它们需要由职业的管理人员进行监管。此外，韦伯认为，官僚制适合以新教职业伦理（Protestant Work Ethic）为特征的文化（据说该文化强调有规律的工作、自律、节俭与延迟享乐）。实际上，与大多数管理学教科书呈现的观点相反，韦伯并不认为官僚制是"理想的"。他清楚地看到了它的局限性。

> 理性计算（与官僚逻辑）使每个工人都沦为这台官僚机器上的一个齿轮……想到有朝一日世界上除了那些小齿轮外什么也没有，渺小的人们紧紧地抓住微不足道的工作，渴望去寻找一份更为重要的工作，这真是可怕——这种状况……在我们当今行政系统中的人的意识里越来越明显，尤其对我们的后代——那些学生而言，更是如此。这种对于官僚制的激情足以让人感到绝望。因此，最重要的问题不是我们如何能够促进与加速这种官僚制，而在于我们如何能够反抗这台机器，从而使一部分人能够摆脱官僚化生活方式的控制。（Weber 1909, in Mayer, 1943：127-8）

事实上，在今天三角形的组织结构图成为规范之前，其他不受现代文明规范束缚的思想家曾以不同的方式来看待组织：那些组织远比我们倾向于与工业时代联系在一起的组织更个性化、更鼓舞人心、更有机化。例如，1867 年，在可能是第一个现代的组织结构图中，位于纽约的伊利铁路公司（Erie Railroad Company）被描绘成一棵树：董事会是它的根基，而其他部门则被描绘为从根基处延伸出来的树枝。

如果我们将韦伯作为一名管理学的基础理论家来看待，就不应该断言他的官僚制理论是错误的。相反，我们可以采用他的社会学理论，即认为组织形式与管理方法是对流行信念的反映，如果我们希望在组织与管理方面寻求创新，就应该了解和学习其他的文化。韦伯重要的管理思想是：杰出的组织形式是由文化或时代精神（spirit of the times）塑造的。

不幸的是，在管理学著作中，情形恰好相反。我们一般都试图在事后将其他文化融入现代的观点。举例来说，埃及的社会结构就被绘制成金字塔的各个层级，像一张组织结构图一样，国王如同首席执行官那样位于顶端，尽管国王与王后通常被埋葬在金字塔的底部或中心附近。又或者，管理学的教科书会将埃及社会的成就用现代的语言表述：写下诸如"埃及的金字塔表明最早期的文明就已经开始试图计划、组织、指挥与控制工作"这样的句子——尽管这些文明本身并未用这样的术语表达其做法。就今天的规范而言，这种向后理解生活的方式限制了人们做出不同思考的可能性。

福莱特：管理学之母

在 20 世纪中叶将管理学的创始人认定为男性或许是不足为奇的。在一个男性占主导地位的时代中，在管理学这个严肃的学科领域，男性成就斐然，其中有管理学之父泰勒、经济学之父斯密以及社会学之父韦伯。然而，对于更加开明或更加现代的思想家来说，管理学领域缺少女性的身影。

玛丽·帕克·福莱特出生于 1868 年，是 20 世纪初著名的、备受推崇的作家与社会活动家。后来她被人们遗忘。经济学或社会学的年轻学者也没有试图去挖掘她的思想。此外，1929 年生病期间，福莱特销毁了自己的大部分文章，而在她于 1933 年去世之后，她的一位朋友销毁了其余的大部分文章（Tonn，2003）。她的遗产就此消失了。

著名的管理思想家彼得·德鲁克（Peter Drucker，1995）曾讲过这样一个故事，当他在 20 世纪 40 年代第一次对管理学产生兴趣时，他从导师哈里·霍普夫（Harry Hopf）那里得到了一份用以指导他的关键作品清单。这份清单长达七页，包括了"最为重要的一切"（Drucker，1995：2），其中却没有福莱特的任何作品。德鲁克在将自己的想法告诉英国管理思想史先驱林德尔·厄威克（Lyndall Urwick）时才知晓福莱特的作品。厄威克在20世纪20年代与福莱特建立了友谊，他告诉德鲁克，他所阐述的想法听起来有点像福莱特的观点。德鲁克回应道："福莱特是谁？"

事实上，如果不是厄威克，后来的管理思想家如德鲁克也很难重现福莱特的思想。在一个认为只有男性才可能了解管理的世界里，厄威克不遗余力地记录与宣传着福莱特的工作。

虽然福莱特本人出版了两本重要的著作，即《新国家》（*The New State*）（1918）与《创造性的经验》（*Creative Experience*）（1924），但正是厄威克与亨利·梅特卡夫（Henry Metcalf）收集了福莱特后来的文章与演讲——通常针对的是经理人与管理协会，他们将这些文章与演讲汇编成《动态管理：玛丽·帕克·福莱特的论文集》（*Dynamic Administration：The Collected Papers of Mary Parker Follett*）（1940/2004）。这本书现在被称为第一本由女性撰写的管理书籍（Clegg et al.，2019：438），尽管它是由两位男性汇编的。

"动态管理"这一标题很好地概括了福莱特对管理学理论的贡献。在科学管理旗帜下出现的工厂的管理观将组织视为僵化的和自上而下的。在组织中，管理者制订计划让工人遵循，然后根据"一种最佳的方式"试图指导、控制和改善绩效。而有着社会工作与社区组织背景的福莱特将良好的组织视为一种群体活动，其中包含了从管理者到工人、工人到工人、工人到管理者间的经常相互冲突的观点的交换，以动态地实现观点间的最佳整合与冲突背后的统一。

这就使得福莱特将冲突视为健康的，而并非像她同时代的大多数人那样，认为冲突需要管制或抑制。1925 年，她发表了一篇题为《建设性冲突》（Constructive Conflict）的演讲，其中她谈到了好的想法是如何从检验与讨论不一致的观点中产生的。解决冲突的最佳办法不是去弄清楚哪一方是正确的，而是去试图理解每一种观点，并将合法的利益诉求整合起来，以提出新的解决办法。当我们读到她写的句子"我们必须面对生活的本来面目，并理解多样性是其最基本的特征"（Follett，1924：300）时，会觉得她的观点非常现代。对于福莱特来说，多样性与冲突正是实现创造性与取得进步的关键。

在发展自身观点时，福莱特在韦伯的关于理性-法定权力兴起的论述的基础上补充了横向权威（lateral authority）的概念。她清楚地说明了正式统治权力（power over）（或专制权力）与共享权力（power with）（一种协作方式）之间的区别，并提倡民主的工作场所原则。她的交互作用的理念认为，下属对领导的影响与领导对下属的影响是一样大的。她认为，管理不是一种工具，而是一种情境化的决策过程，在这一过程中，要针对具体情境做出最佳决策。她不认为官僚制是一种最佳方法。因此，福莱特阐述了一种非官僚制的管理理念，敦促领导者用赋权的团体网络来取代层级体系，并负责制定共同的目标。这听起来很像 70 年后由赫克歇尔阐述的后官僚制理念。

有许多理由能够解释福莱特为何未能受到应有的重视。首先，也是最显而易见的是，她被低估是因为她是一名女性。克莱格等（Clegg et al.，2019：439）认为她"比她的男同事更加谦逊，因为她仅用了三个原则去阐述自己的观点"。但如果你阅读过福莱特的作品，就会发现她似乎并不那么谦逊，她阐述了远远不止三条原则（尽管其他人将她的观点缩减为三条），而许多男性提出的原则不到三条却出名了。

德鲁克和其他一些人驳斥了将福莱特的女性身份作为其没名气的原因的观点，指出这一时代的其他女性也开始崭露头角。然而，她确实缺少与智识的关联，在那个年代这种关联对一个男性来说可能更容易得到。福莱特不归属于任何一所大学。她没有高学历，也不从事教学工作，同时也没有年轻的追随者。

对她的理论缺乏理解的一个更深层次的原因是，福莱特的思想不符合当时新兴的对于管理学的基础叙述，缺少一种能够使自身易于归类的形式。福莱特不像泰勒与科学管理有着密切的联系，她与任何一个学派都无关。她的思想无法轻易地为某种特定的意识形态提供支持，就好像斯密或韦伯的思想那样。她的思想无法像后来的理论家，如勒温、马斯洛或迈尔斯-布里格斯（我们将在后面的章节中讨论）的思想那样被塞进简单的三步或五步的模型或网格中。不同于泰勒（人力资源管理）、韦伯（组织设计）或甘特（项目管理），她的研究内容难以被归入管理学的某个子领域，因此她通常不会出现在管理学教材的管理史章节中。由于福莱特的理论被引入教科书的时间较晚，并且难以作为管理思想的基石，因此对于管理者来说，福莱特的理论具有一种装饰性——可欣赏，但不一定使用。

近年来，人们试图将福莱特重新纳入管理学的词典之中。她的著作涉及领导力、多样性与创造力、员工关系、工作场所民主的重要性以及组织设计等。她甚至被认为创造了"双赢"（win-win）一词。有时，这种逆向工程并不能给现状带来改变。"看，我们可以把一名女性当作我们的先辈！"更多的是做做样子。然而，我们相信，如果能够更认真地对待，福莱特的思想将成为未来管理学理论研究的重要基础。

结　论

本章介绍了管理学的四位创始人泰勒、斯密、韦伯与福莱特及其理论。我们探讨了这些理论家在管理学教科书中通常是如何被叙述的，并且对假设的基础提出了质疑。我们将在接下来的章节中再次采用类似步骤，来重新思考和构建新的基础，从而以不同的方式对管理学进行思考。

批判性见解

1. 科学管理之所以流行，是因为人们对于大企业对社会的巨大影响感到担忧。

通过研究弗雷德里克·泰勒与科学管理的兴起，我们了解到，管理学理论是针对在特定时间和特定地点出现的问题而产生的。这一问题就是美国不受约束的资本主义及其对环境和后代生活的影响。看到最早的管理学理论与可持续利用资源的理论同时出现，可能会鼓励我们加倍努力去解决当今世界所面临的环境挑战。

2. 亚当·斯密认为伦理体系应该成为经济学与管理学的

基础。

从亚当·斯密思想的发展可以看出，伦理体系应先于管理学理论的发展。对于斯密来说，这意味着一种基于道德情感的伦理，即人们能够信任与关心他人，是因为他们能够进行换位思考。这就创造了一种环境，在此环境中，一个促进劳动分工的理论能够带来更大的效益。

3. 韦伯不认为官僚制是理想的组织形式。

韦伯告诉我们，组织形式应遵循文化。他的理论并不是说官僚制是最好的，而是说官僚制、理性-法定权力与等级制的指挥链最适用于 19 世纪与 20 世纪初出现在北欧与美国的新教职业伦理。我们可以通过探索不同的文化、认真思考它们可能支持的不同类型的组织形式来发展管理学理论。

4. 福莱特告诉我们，组织是独特的，我们应该理解组织中的不同观点。

福莱特的思想鼓励我们去尊重科学管理形成的原因，而非它的形式。科学管理是在特定的情况下针对特定的问题产生的，因此它的管理方式适合特定的目的。然而，一旦这种管理方式变成一种最佳方式，那么无论在什么情况下，它都不再是好的管理。优秀的管理者意识到，从一个过程中产生的最佳决策会随着情境的变化而变化。此外，管理层还应该对不同的观点和建设性地分享相互冲突的想法持开放态度。

第 3 章

管理学理论对人性问题的探索

"科学管理……被广泛地认为是负面的，因为它对工作控制的非人性化态度。这种方法在公司的管理者与工人之间引发了大量的行业冲突……此后，它在很大程度上被更为人性化的管理理念所取代。"

——舍默霍恩等（Schermerhorn et al.，2020：267）

管理学是一个年轻的研究领域，其起源通常可以追溯到一个多世纪前弗雷德里克·泰勒关于科学管理的著作的出版。泰勒的理论被像亨利·福特这样的企业主积极采纳。科学管理及其在移动生产线上的应用产生了巨大的生产效率。这些效率的提升，有的作为利润保留了下来，有的通过工资的提高让工人受益，还有的则以大量生产低价商品的形式让消费者受益。像福特 T 型车这样的汽车不再为超级富豪专有，那些生产它们的工人自己也能够买得起。

然而，效率的提升也付出了一定的代价。科学管理意味着管理者全面地思考了工作应该如何完成。工作被分解为碎片，工人被要求执行简单的重复性任务。效率的获取是以牺牲创造性的、技能性的以及能够带来满足感的工作为代价的，工人成为资本主义大生产这一庞大机器上的一个齿轮。如果你在工厂、呼叫中心或麦当劳这样的快餐店工作过，你就可能体验过科学管理。

在本章中，我们将探讨管理学理论的下一个飞跃：人际关系运动及其对员工动机的关注。章首引用的对管理学早期理论的传统叙述，说的是从科学管理的黑暗时期——那时工人们被去人性化与异化——过渡到人本管理的启蒙时期。据说在霍桑工厂进行的一系列实验发现，工人们有社会需求，管理者最好能够理解并回应这些需求。

这种所谓的新发现，有时被简化为一句话"一个快乐的员工就是一个生产效率高的员工"。对于管理学而言，这是一个具有吸引力的历史性叙事，因为它表明泰勒错误地预设了一个生产效率高的员工与被赋权的员工在概念上是对立的。可正如我们将要看到的那样，霍桑工厂中的革命性发现终究显得不是那么具有革命性——而且是一个相当可疑的发现。

然而，人际关系理论作为一次巨大的飞跃却由此向前推进，并为激励理论的发展做了准备。源于心理学的理论，如马斯洛的需求层次理论，被管理学的学者们所接受，并传达给商业受众。在本章中，我们会详细地探讨马斯洛的案例，因为这一案例阐明了理论家、顾问、专业机构、教科书作者

以及出版商之间如何相互作用，发展出了可能是最著名也最
失实的管理学理论。

接着我们介绍这股新的理论浪潮如何对关于不良动机的
其他解释起到了压制的作用，比如马克思主义理论。这些理
论认为，资本主义内部存在着无法解决的矛盾，即资产阶级
与工人阶级之间的矛盾。马克思主义的观点，加上那些强调
我们在工作中受到的持续监督是如何影响我们动机的理论，
与畅销的管理学教科书和流行的管理学书籍中的主导性管理
学理论形成了对比。

霍桑工厂的"发现"

据说在 20 世纪 20 年代初，芝加哥附近的西部电力公司
（Western Electric Company）希望说服其工业客户相信工厂更
好的照明条件会提高员工的生产效率。西部电力公司的潜在
客户并不相信这种说辞，因此西部电力公司的管理层决定在
他们的霍桑工厂进行一项实验，以证实他们的说法。在这项
照明实验中，他们设置了一个实验组（这组的照明强度会提
高）和一个对照组（这组的照明强度没有变化）。正如预测
的那样，随着实验组照明强度的提高，实验组的生产效率得
到提高。然而，令人费解的是，对照组的生产效率也得到提

高。更令人匪夷所思的是，当照明强度降低时，实验组的生产效率仍然继续提高。显然，还有其他因素影响了生产效率。是什么因素呢？

对此的解释是一种被称为"霍桑效应"（The Hawthorne Effect）的理论——工人行为的改变仅仅是因为有人对他们产生了兴趣。对照组的那些工人之所以表现得更加努力，是因为参与研究激发了他们的积极性。虽然这一发现在今天看来显而易见，但正如畅销的管理学教科书中所展示的那样，管理学的历史将之记录为一个启示。毕竟，当时雇员仅仅被视作机器上的齿轮。突然间人们意识到，人终究不是机器。

照明实验结束后，来自哈佛商学院的埃尔顿·梅奥（Elton Mayo）教授被要求去开展进一步的研究。在"继电器装配室实验"中，六名负责装配电话继电器的年轻女性被安排在远离工厂车间的房间里工作。梅奥尝试改变这些女性的工作条件：刚开始是安排了两次五分钟的休息时间，产量增加了。于是休息时间增加到十分钟，产量再次增加。在给这些女性提供一顿饭并允许她们早点下班后，产量也增加了。最后，当她们的工作条件中所有的改善措施都被取消时，她们的产量甚至更高了。这该如何解释呢？

梅奥的解释是，参与实验能够满足这些女性一系列的社会需求。她们不仅因为参与实验而感到自己很特别（霍桑效应），还有一位友善的研究人员与她们探讨这些变化，而不是让她们的车间主管告诉她们该怎么做。她们认同自己的团队，并在工作之余一起参加社交活动。她们还挑战自己找到了更好的继电器组装方法。

通过这种方式去理解霍桑实验，可以将其与激励理论直接联系起来。"一个快乐的员工就是一个生产效率高的员工"这一发现使管理学研究从对效率的痴迷转向了一个新的研究领域：组织中人的行为。它向科学管理中的激励理论提出了挑战：工人的动机仅仅是为了金钱。这是一个值得相信的伟大的故事，因为它与双赢有关。以一种满足员工社会需求的方式去管理员工，对员工来说是有益的，对组织来说也是有好处的：工人更加努力地工作，感觉更加良好并且能够完成更多的工作。

但这真的算得上是一项发现吗？通常情况下，在管理学的基础理论的教学中，我们很少提及这些思想的产生背景。例如，在第 2 章中，我们已经展示，科学管理是如何作为环保运动的一部分而出现的，但这一事实几乎被人们遗忘。我们也可以从类似的角度去看待霍桑实验。管理学的教科书通常深入地描写了在霍桑工厂进行的实验，但大多并未提及美国人当时的生活状况。

1919—1920 年间急剧的经济衰退引发了大范围的工业动

荡。霍桑实验进行的最后几年，正值 1929 年股市崩盘引发
经济危机，导致工资的削减、工作时间的延长以及工作强度
的加剧。解雇以及剥削劳动力的做法变得很普遍，失业率到
达了 25%。正如我们将在第 6 章中所讨论的那样，企业主对
共产主义信仰的传播感到真正的恐惧，担心这一信仰会从根
本上瓦解美国人的资本主义信念。

梅奥教授与他在哈佛商学院的同事将这些新进展视为一
种威胁，但同时也视为一种机遇。部分民众对资本主义与企
业高管丧失了信心，而培养这些人的哈佛商学院也遭到了批
评。为此，梅奥积极寻找突破口，他认为哈佛商学院可以为
当时紧迫的社会和经济问题提供解决方案。

梅奥（1933）认为，人们最根本的愿望就是获得归属
感，而这可以通过资本主义内部的合作雇佣关系得到最好的
实现。如果工人不高兴，那么他们应该与主管一起去解决问
题。要么通过交谈去解决问题，要么认识到工人或是他们的
上司有心理问题需要去解决。这种对个人需求的关注，特别
是对归属感的关注，使人们将注意力从发生更根本的变革的
可能性转移到资本主义可能的运作方式上。梅奥担心工会的
影响，后者正鼓动着一场变革。梅奥批评工会只关心与管理
层斗争，而不是与他们进行合作。

在进行霍桑实验之前，梅奥就知道，在劳工不稳定的时

期，"一个快乐的员工就是一个生产效率高的员工"这一想法
对于商界很有吸引力。梅奥需要做的只是找一些科学证据来支
持。依据威廉·怀特（William H. Whyte，1956：35）的说
法，对于梅奥来说，"霍桑实验不在于揭示，而在于证实"。

近几十年来，其他人也加入了怀特的行列，认为霍桑实
验不是一项发现。对那些实验参与者的采访表明，如果存在
"霍桑效应"，那么它在短时间内就消失了（Wren，1994）。
雷恩指出，在继电器装配室实验中，工人的收入（每周 28～
50 美元）远超过在工厂车间的收入（每周 16 美元）。他们之
所以更加努力地工作，是因为他们能够挣的更多，并且对于
其中一些人而言，这是他们的首要动力。对于梅奥来说这是
一个麻烦的结论，因为它强化了科学管理理论，即认为工人
受到金钱的激励，因此在霍桑实验中，经济方面的解释被低
估了。

对生产效率提高的另外一个解释集中在性别上——实验
中包含了女性，她们当时在组织中的社会地位较低，并且要
服从男性的命令。阿克与范霍滕（Acker and Van Houten，
1974：156）认为，"女性身体柔弱，如果她们想留在实验
室，就必须取悦主管，因此她们采取了提高产量的方法"。

最近，哈萨德（Hassard）又为霍桑谜题增添了更多疑
问，他质疑了这样一种想法，即梅奥与他的团队将霍桑工厂

从一个典型的官僚制组织转变为一个更加进步与高效的组织。到 20 世纪 20 年代初，在梅奥到来之前，霍桑工厂实际上就已经是一家支持人际关系式哲学的开明的公司了。它也以一场悲剧而闻名。1915 年，公司租用了一艘名为 SSS Eastland 的蒸汽船，为员工及其家人举办年度野餐会。离开芝加哥河上的码头 10 分钟后，该船倾覆，船上 841 名乘客与 4 名船员死亡。这场悲剧激励了公司及其员工致力于在霍桑工厂的员工间建立一条独特的社会纽带。

尽管人们长期以来对梅奥在霍桑工厂的"发现"持怀疑态度，但管理学教科书一直不愿意让这些事实妨碍对历史进行引人入胜的叙述。这大概是因为我们大多数人都会更关注一个声称有科学发现的标题，而不是一个小小的进步或是对已知事物稍有不同的看法。

也许这也是由于发现型的叙事能够为人际关系或组织行为领域提供更急需的可信度。霍桑实验创造了一个需要继续填补的智识空间。倘若员工的生产效率深受激励水平的影响，那么激励理论就需要提供更深入的洞见。

麦格雷戈：激励研究的奠基人

道格拉斯·麦格雷戈（Douglas McGregor）在《企业的

人性面》（*The Human Side of Enterprise*）一书中所提出的
X 理论与 Y 理论对于管理学教科书来说是有用的理论，它们
可以用来说明据称是由霍桑实验带来的对管理学思维的历史
性颠覆。我们被告知，持有 X 理论的管理者假设员工都是懒
惰的，他们不喜欢工作、需要被强迫；而持有 Y 理论的管理
者则对人性持更为乐观的看法，他们认为员工渴望得到认
可，愿意承担责任并接受挑战。对于管理学教科书来说，X
理论与 Y 理论之间的二元性是非常有用的：X 理论代表了科
学管理者的态度，而 Y 理论则是受梅奥在霍桑工厂的"发
现"启发的管理者的态度。麦格雷戈被认为是 Y 理论的拥护
者，理由是一个更加满意与投入的员工是一个生产效率更高
的员工。

　　标准的教科书对于 X 理论与 Y 理论的描述也突出了麦格
雷戈思维的局限性，"不幸的是，没有证据证明这两种假设
中的任何一种是有效的，或者说也没有证据证明成为持有 Y
理论假设的管理者是提升员工素质的唯一途径"（Robbins et
al. ，2016：276）。可这种把麦格雷戈描绘为一个次等的科学
家的做法是一种误导。正如雅克（Jacques，2006：33）指出
的，麦格雷戈深知科学知识的价值，他并非一个失败的经验
主义者。麦格雷戈并没有将 X 理论与 Y 理论视为两个有待检
验的假设，而是将它们视为一种工具，以便管理者思考自身

的管理风格。

《企业的人性面》一书的开篇非常清楚地表明，所有的管理行为都基于一种理论或者观点，"坚持实用性实际上是指'接受这种理论假设吧，不要争论，也无须考证'。当然，根据未经验证的理论假设执行工作，难免会产生明显矛盾的管理行为"①（McGregor，1960：7）。而为了避免我们误解他在提出 X 理论与 Y 理论时所试图传递的想法，麦格雷戈在该书的最后几页中回到了这一话题上来，"本书不是为了劝说管理者支持 X 理论或者 Y 理论，而是提醒人们认识理论的重要性，促使管理者检验自己的假设，并理解其中的内涵"②（1960：246）。

然而，在现代管理学教科书中，麦格雷戈的研究工作通常被改编后放入组织知识演变的科学叙事之中。我们在第 1 章中指出，管理学教科书喜欢强调它的科学性特征，因为这有助于学生形成这样的印象，管理学是一门严肃而有价值的学科。将麦格雷戈描绘成一位试图像科学家那样思考却并不

---

① 此处翻译参照了麦格雷戈《企业的人性面》的相关中译本，参见麦格雷戈．企业的人性面 [M]．韩卉，译．北京：中国人民大学出版社，2008：8。——译者

② 此处翻译参照了麦格雷戈《企业的人性面》的相关中译本，参见麦格雷戈．企业的人性面 [M]．韩卉，译．北京：中国人民大学出版社，2008：217。——译者

成功，因而随着管理学不断深化发展最终被我们超越的人，这种叙事方便理解，但曲解了麦格雷戈的贡献。

马斯洛与其他激励理论家的观点

相似的事情也发生在了马斯洛的身上。马斯洛可能是管理学领域最著名的理论家，因为他的人类需求金字塔是该领域最著名的模型。需求层次理论通常是管理学课程介绍的第一个激励理论。从我们的经验来看，它也是学生们记忆最深刻的一个理论。该理论指出，从底层基础的、外在的需求出发，在攀登金字塔的过程中，员工被激励去满足各个层次的需求，直至他们通过自我实现需求的满足来发挥自身的真正潜能。

马斯洛需求金字塔是管理学教科书用来介绍激励理论的一个有效的引入点。它在直觉上具有吸引力，并且强化了人们对于人性的认识。学生们了解到，管理者应该以允许员工满足其自身需求的方式去设计工作、薪酬以及其他福利，以此提升员工的工作满意度、对企业的忠诚度以及组织绩效。谙于此道的管理者应该了解每个员工在金字塔上的位置，并据此调整他们在工作中的角色。

当管理学教科书批评马斯洛及其理论时，又进一步向读者灌输马斯洛需求金字塔的思想。他们声称那种认为人们每次只希望满足一种类型的需求以及人类的需求在所有个人和所有文化中都是相同的想法过于简单。他们还声称马斯洛的理论并不科学，是基于个人的信念而非客观的证据。

这些批评有助于教科书调整所阐述理论的顺序，因为它们描绘了激励理论的演变过程：由早期较为简单的思考方式转变为更加成熟与复杂的思考方式。例如，教科书通常在马斯洛之后讨论克莱顿·奥尔德弗（Clayton Alderfer）及其ERG理论。奥尔德弗（1969）将马斯洛的五个需求层次简化为三个：生存（existence）需求、关系（relatedness）需求与成长（growth）需求，并且他没有假设在更高层次的需求得到激活之前必须先满足较低层次的需求。

弗雷德里克·赫茨伯格（Frederick Herzberg）区分了保健（hygiene）因素与激励（motivator）因素，前者对于工作来说是外在的，包括工作性质、薪酬与工作条件；后者对于工作来说是内在的，是马斯洛需求金字塔中更高层次的需求。人们通常认为赫茨伯格的理论比马斯洛的理论更为精细，它指出关注保健因素可以消除员工对工作的不满意，但只有关注激励因素才能提高员工的工作满意度。

激励的过程理论（process theory）补充了需求理论

（needs theory）提出的见解。过程理论涉及选择与追求目标的决策过程。这些理论中最著名的两个是约翰·亚当斯（John Adams，1965）的公平理论（equity theory）与维克托·弗鲁姆（Victor Vroom，1964）的期望理论（expectancy theory）。公平理论认为，将我们的投入和产出的比率与其他人进行比较，如果我们相信我们比其他人工作更加努力，但获得的收入相同，或工作的内容相同，但实际上我们得到的报酬比其他人更少，我们就想要减少这种感知到的不平等。也就是说，如果我们无法改变得到的报酬，就会减少自身的投入，即降低我们的努力程度。

弗鲁姆的理论指出，我们努力实现目标的动机取决于三个判断：

● 我的努力使任务得以完成的可能性有多大？
● 我的良好表现得到我所预期的结果的可能性有多大？
● 这些结果对我有什么价值？

这三个因素即期望（expectancy）、工具性（instrumentality）、效价（valence）具有乘数效应，这也就意味着如果其中的任何一个水平较低，那么总体的动机也会变弱。

比如说，我们和一个班级的学生做这样一个约定，即我们将给考试得分最高的人 2 000 英镑。如果学生们不相信他们有机会取得第一名，那么他们的期望值便会很低。如果他们不相信我们会履行承诺并兑现奖励，那么工具性的值就会很低。而如果 2 000 英镑对他们来说不算多，那么效价的值就会很低。

弗鲁姆的理论很好地解释了为什么会缺乏激励，也很有效地强调了管理者能够做些什么来培养高的期望、工具性与效价，从而增强激励。他们需要创建这样一种工作环境：让员工能够在理想的状态下工作，确保在员工达成绩效时向他们提供奖励，而且是对他们来说有价值的奖励。

总而言之，麦格雷戈、马斯洛与后来的激励理论家们都为管理学理论奠定了坚实的基础。他们为作为一门学科的管理学提供了由著名的理论家所构成的一段可信的历史。这段历史记录了这样一个发展过程，即从过去善意但过于简单的想法，发展到今天对于这一主题有了更为复杂与全面的理解。正如我们在下一节中要探讨的那样，这些理论中最著名的是马斯洛的需求层次理论，但管理学教科书中对此的介绍以及管理者与咨询顾问的应用方式，与马斯洛本人的主张完全不同。探讨马斯洛需求金字塔的形成能够为我们提供一个有趣的视角，让我们理解管理学知识的政治性及其对当今管理学教学的影响。

谁构建了需求金字塔？

> 这座影响深远的金字塔于 1943 年在美国的一本学术杂志上面世，在那里它被用黑白双色粗略地描画，周围是密密麻麻的专业术语。 这座金字塔是一位 35 岁的犹太裔心理学家亚伯拉罕·马斯洛的作品，他从其职业生涯之初就一直在寻找生命的意义。 [《生命之书》(*The Book of Life*)]

由哲学家阿兰·德波顿（Alain de Botton）出版的在线书籍《生命之书》反映了一种流行的观点，即认为马斯洛创造了需求金字塔。《生命之书》提到需求金字塔在马斯洛 1943 年的文章中"被用黑白双色粗略地描画"，这是令人困惑的。马斯洛在其 1943 年的文章中并没有谈到需求金字塔，在其最有影响力的著作《动机与人格》(*Motivation and Personality*)（1954，1970，1987）中也没有提及。

这促使我们进行深入的研究——马斯洛到底有没有创造人们归功于他的需求金字塔？我和我的同事约翰·巴拉德（John Ballard）一起查阅了马斯洛出版的所有书籍、发表的文章，当然还有他的个人日记。约翰在俄亥俄州的阿克伦大学（University of Akron）心理学史中心的马斯洛档案馆里，查阅了许多文章、信件与备忘录。

我们相信马斯洛从未以金字塔或三角形的形式呈现过他的观点。那么，这究竟是谁做的呢？马斯洛是一位心理学家，但我们有一种直觉，这可能是由某位管理学研究者创造的，因为马斯洛并没有出现在早期心理学的教科书中。我们认为这个人可能是道格拉斯·麦格雷戈。他在其 1960 年的畅销书《企业的人性面》中将马斯洛推广到管理学界。麦格雷戈在关于 X 理论的一章中介绍了需求层次理论，他认为这是一种由一系列对于人性的消极假设所组成的传统但过时的管理方法。

麦格雷戈对于需求层次理论的描述是引人注目的，原因有二。首先，他使用了与马斯洛非常相似的措辞。例如，麦格雷戈所说的"人是一种欲求着某物的动物"（1960：36）与马斯洛所说的"人是一种永远都欲求着某物的动物"（1943：370）非常相似。麦格雷戈所说的"当没有面包的时候，人只为面包而活"（1960：36）效仿了马斯洛所说的"的确，当没有面包的时候，人只为面包而活"（1943：375）。其次，麦格雷戈对马斯洛需求层次理论的解释包含了许多管理学教科书中对马斯洛的错误陈述。例如，当需求金字塔被呈现在管理学教科书中时，第三层次的需求通常被标记为"社会的（需求）"（social），但马斯洛并没有使用过这样的术语。他在其 1943 年的论文中将这一层次的需求称为"爱"（love），在随后出版的书籍中又补充了"归属感"（belongingness）。是麦格雷戈使用了"社会的（需求）"这一术语。

麦格雷戈对于马斯洛理论的解释的影响进一步体现在对于需求层次理论的最为流行的批评中———一种过于简单的观点，即认为人们每次只能受到满足一种需求的激励，认为上升到更高层次的需求之前，低层次的需求必须得到完全满足，因此，一种已满足的需求不再是行为的动机。正如麦格雷戈（1960：39）总结的那样："当较低层次的需求得到满足以后，便不再有任何动机可以激励人们追求同样的需求。更确切地说，是这些需求已经不存在了。"①

但是如果我们看看马斯洛实际上写的东西，就会清楚这是对他的理论的一种可能性解释，而这种解释是一种"错误的印象"（1943：388）。在解释需求类别时，马斯洛很清楚自己使用的例子是极端的。例如，虽然他说一个饥饿的人将受制于满足其饥饿的生理需求，但他接着指出，在一个和平的社会中，这种情况是罕见的："事实上，我们社会中的大多数正常成员，都是同时既部分地满足于所有的基本需求，

---

① 此处翻译参照了麦格雷戈《企业的人性面》的相关中译本，参见麦格雷戈. 企业的人性面 [M]. 韩卉，译. 北京：中国人民大学出版社，2008：38。——译者

又部分地不满足于所有的基本需求。"(1943：388)

因此，与许多教科书所转述的麦格雷戈的解释相反，马斯洛明确地指出"任何一个行为都往往是由几个或者所有的基本需求同时决定，而不是仅由其中的一个需求决定"(1943：390)。为了说明他的观点，马斯洛举了一个关于人的例子，说这个人85％的生理需求、70％的安全需求、50％的爱、40％的自尊需求与10％的自我成就需求得到了满足。

当代对于马斯洛另一个常见的批评涉及金字塔模型的一个普遍的假设，即认为所有社会中的所有个体都有着相同的需求，并且这些需求都是按照相同的顺序排列的。然而，尽管这一假设也是由麦格雷戈对于马斯洛思想的使用所推动的，但它已经被马斯洛本人否认。马斯洛（1943：387）承认，虽然他的大多数临床患者似乎都是按照他的层次理论来排列自己的需求的，但其中也有例外。对于有些人来说，自尊比爱更重要。最重要的例外便是那些殉道者（martyrs），他们在追求自我实现的过程中愿意牺牲低层次的需求。马斯洛（1943：390）明确地表示，"没有人声称自我成就需求在所有文化中都是终极的与普遍的需求"。

如果说麦格雷戈对于需求层次理论的重构确实是该理论在管理学教科书中的呈现方式的起源，那么该理论招致许多的批评就不足为奇了。这些批评在许多方面都是对麦格雷戈对马斯洛理论的解释的批评，批评者并没有意识到麦格雷戈在其中所扮演的中转人的角色。然而，在麦格雷戈的著作中并没有出现金字塔，因而我们继续寻找。

基思·戴维斯（Keith Davis）所著的早期流行的教科书《商业中的人际关系》（*Human Relations in Business*）第一次以三角形的形式对该理论进行了呈现（见图 3 - 1）（1957）。本书呈现的并不是像金字塔那样的等边三角形，而是直角三角形中逐渐到达顶点的一系列阶梯。

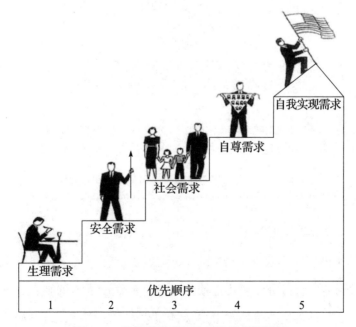

图 3 - 1　马斯洛需求层次理论的早期演绎
资料来源：Human Relations in Business，Davis，1957，p. 41.

　　尽管戴维斯并没有发明当今教科书中用来说明马斯洛需求层次理论的金字塔，但看起来他的阶梯图正是马斯洛需求金字塔的早期灵感来源。查尔斯·麦克德米德（Charles McDermid）于 1960 年发表在《商业视野》（*Business Horizons*）上的文章——《金钱如何激励人》（How Money Motivates Men）证实了这一点（见图 3 - 2）。

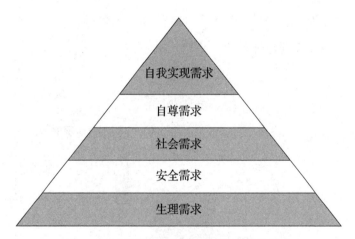

图 3 - 2　马斯洛需求金字塔可能的最早版本
资料来源：How Money Motivates Men，McDermid，1960.

　　麦克德米德是亨伯（Humber）、蒙迪（Mundie）和麦考利（McClary）等公司的咨询心理专家，他的文章批评了他看到的那种过分强调将金钱作为员工的激励因素的现象。麦克德米德将马斯洛的需求层次排列成一个金字塔，以表明一旦生理上的需求得到满足，管理者就应该减少对工资增长的关注，而更多地关注工作条件，使员工更高层次的需求得到满足。通过这样做，组织可以"以最低的成本实现最大的激励"（1960：98）。虽然麦克德米德并没有以任何方式引用戴维斯的观点，但是他没用"自我成就"（self-actualization）（马斯洛使用的术语）或"自我满足"（self-fulfilment）（麦格雷戈使用的术语），而是采用了"自我实现"（self-realization）（戴维斯使用的术语），这表明，戴维斯特殊的解释影响了麦克德米德的激励结构。

谁构建了马斯洛需求金字塔的故事，其意义超越了需求层次理论本身。这是关于畅销教科书中出现的管理学理论被转化为与它的初衷完全不同的东西的另一个例子。在下一节，我们将借鉴批判历史学家米歇尔·福柯提出的谱系学方法（第 1 章已介绍），这种方法探讨了成员之间的联系网络，这种联系网络构建着某种真理——在这个例子当中，这个真理就是马斯洛需求金字塔。

流行的激励理论

1. 管理学学者对于相关性的需求

基思·戴维斯第一个以三角形形式呈现马斯洛需求层次

理论，他在 20 世纪 50 年代末活跃于管理学者专业协会——管理科学学会（Academy of Management）。他于 1964 年成为该学会的主席，并处于关于管理学作为一种职业的新兴地位的讨论的前沿。为了提高管理学在大学中的地位，戴维斯（1957）认为管理学需要认真对待对其自身历史的教学。为了在大学之外受到尊重，管理学学者需要将自己定位为专家。

戴维斯为需求层次理论创造的符号解决了这些问题：阶梯图呈现了一个既定学科（心理学）历史上的重要人物的思想，这样管理学便可以声称自己为一门新的分支学科。此外，它还为那些与公司分享他们的专业知识的人提供了易于应用的模型（我们很快就会回到这个问题上）。戴维斯让身着商务装的白人高管加入了管理科学学会，这推动了该理论在 20 世纪 50 年代和 60 年代被引入企业界。阶梯图显然也是为美国市场而设计的。它模仿了我们今日所称的模因①（meme）。

2. 管理学研究对于科学知识体系的需求

马斯洛并不是一位管理学学者或咨询顾问，并且他的需

---

① 模因指的是通过模仿等非遗传的方式传承文化的行为。——译者

求层次理论也不是源于对工作动机的兴趣。20 世纪 40 年代初，马斯洛目睹了世界第二次进入战争状态。他相信心理学有助于理解战争发生的原因。在他的需求层次理论于 1960 年被麦格雷戈推广之后，研究人员热衷于对该理论进行科学检验。马斯洛并不想参与其中——他坚决批判心理学对理论进行检验的痴迷，他认为这扼杀了创造力。

这一时期，由于美国商业教育的大规模扩张及其对于学术标准的威胁，关于管理学研究与教育的未来的两项重要研究所提出的建议仍然发挥着作用。来自卡内基基金会（Carnegie Foundation）的一份报告指出，为了得到重视，商学院需要构建一个系统的知识体系（Gordon and Howell，1959）。同样，福特基金会（Ford Foundation）的一份报告也指出了对高质量科学研究的需求（Pierson，1959）。该基金会将高质量狭义地定义为定量研究（基于数字与事实）而不是定性研究（基于文字与解释），并且不希望研究聚焦资本主义的可取性这样令人尴尬的问题。

马斯洛的需求层次理论为管理学研究提供了看似可以得到检验的科学理论，这在当时是很少见的。组织行为学的先驱克莱顿·奥尔德弗提出了 ERG 理论，他在阅读了马斯洛的第一版《动机与人格》后，怀着激动的心情写道，"这仿佛打开了一盏照亮人类动机的明灯"（1989：358）。在 20 世纪 60 年代与 70 年代，像奥尔德弗这样的人对这一理论进行了检验，他们非常欣赏马斯洛为进入一个新的研究领域所做的铺垫。马斯洛的需求层次理论认为，人类的行为不仅仅是精神分析学家所设想的无意识欲望的结果，也不仅仅是行为学家所想象的那样由回报与增强所塑造，而是由满足内在需求的欲望驱动着。

然而，到了 20 世纪 70 年代末，管理学研究者开始对需求层次理论丧失信心。瓦哈巴与布里德维尔（Wahba and Bridwell，1976）通过元分析调查了该理论的有效性，他们得出结论：由于马斯洛在构思他的思想时缺乏严谨性，语言松散、概念含糊，因而该理论无法得到检验。然而，当这些批评开始形成势头时，另一个宣传马斯洛需求金字塔的工具出现了：那就是现代管理学教科书。

3. 现代管理学教科书的出现

当今最畅销的管理学教科书大多是在 20 世纪 70 年代末 80 年代初首次出版的。这些教科书将管理学领域划分为不同的主题，并按照时间顺序介绍理论，以展示理论的发展。教科书中的每一章都包含了习题或案例研究，学生可以借此来检验他们的学习情况。图表，特别是像马斯洛需求金字塔这样的划分出几个阶段的图表，使得管理学看起来实践性很强，也使得这门学科中的知识易于检验。

在利用幻灯片演示文稿进行教学的时代，马斯洛需求金字塔成为幻灯片中的主要内容（通常与愈发光鲜的、图表丰富的管理学教科书配套）。学生喜欢这种形式，教科书的作者、老师与出版商也都喜欢这种形式。

随着马斯洛需求金字塔超出了管理学领域而成为现代生活与流行文化的一部分，它获得了更多的力量。搜索马斯洛需求金字塔，我们可以发现它有几十个版本以及对于该图形的重新解释：金字塔中有对 Wi-Fi 甚至是对厕纸（由新冠疫情暴发之初的抢购现象所引起）的需求，这些需求是作为比食物、水和住所更为基本的需求出现的。在约翰内斯堡甚至有一家马斯洛宾馆（Maslow Hotel），它专门满足不同层次的需求，其住宿等级按照金字塔形式排列。

虽然马斯洛需求金字塔在今天似乎无处不在，但是直到 20 世纪 80 年代，阶梯图仍是用来传播马斯洛需求层次理论的另一常见方式，随后金字塔才占据了主导地位。我们认为阶梯图是更为准确的表现形式。阶梯图反驳了最为常见的对需求层次理论的误解——人们在任何时候都只能占据一个层次。将马斯洛需求层次理论描述为金字塔，用水平线去划分不同的需求层次，这使人们难以想象他们可以努力同时满足不同的需求。而当一个人位于阶梯上时，他可以用手和脚占据多级阶梯，其他的梯级也能给他提供支撑。

4. 公司对于实施理念的需求

戴维斯与麦克德米德对马斯洛需求层次理论的三角形形式的呈现有助于将该理论转化为一种更易于咨询顾问兜售的形式。基拉·卢西尔（Kira Lussier，2019）则追溯了在 20世纪 60 年代和 70 年代，通用电气（GE）、美国国际商用机器公司（IBM）、美国电话电报公司（AT&T）以及得州仪器（Texas Instruments）等大企业对马斯洛需求层次理论的应用。

在得州仪器，管理人员接受了一项心理测试，以评估他们对于员工激励的看法。然后他们参加了培训课程，学习重新设计组织活动，使员工的工作更充实。例如，保洁人员被授权采购设备、设计任务完成方式、设定工作目标以及评估绩效。并且他们因承担了这些额外的工作而获得了更多的报酬。结果，公司的卫生状况得到了改善，并且员工流动率也得到了降低。员工工作表现的改善可能是受到了加薪的影响，但关于得州仪器的实践报告称，工作充实而不是更多的报酬提高了员工的积极性。正如麦克德米德认为的那样，马斯洛的需求层次理论可以被企业用来以最低的成本去实现员工激励的最大化。

流行的激励理论压制了其他理论

在本章的前面，我们看到了梅奥如何利用他在西部电力公司的实验来支持他关于员工与管理者合作后双方均可获益的信念。梅奥的理论起到了转移注意力的作用，使人们不再关注组织中充斥着的工人、管理者与企业主间冲突的其他解释——这些解释质疑资本主义制度本身的可取性与可行性。马斯洛的需求层次理论为管理者所运用，为一个紧迫的问题提供了一个务实的解决方案。

与 20 世纪 20 年代一样，20 世纪 70 年代初的美国经济也遇到了困难。1971 年，理查德·尼克松（Richard Nixon）总统通过冻结工资与奖金来应对通货膨胀的加剧，两年后，石油危机导致了油价的大幅上涨，经济陷入衰退。美国生产线上的工人不仅表现不佳，过得也不开心。就像 20 世纪 20 年代一样，经济上的困难挑战资本主义制度扎根生长的沃土。

1974 年，哈里·布雷弗曼（Harry Braverman）出版了《劳动与垄断资本》（Labor and Monopoly Capital）一书，该书把他作为蓝领工人的经历与他对马克思主义的兴趣结合起来进行介绍。马克思（1818—1883）分析了在建立于两个阶级基础上的资本主义制度内，经济利益在工作场所中的作用，这两个阶级分别为：拥有生产资料（用以生产商品的土地、原材料与机器）的人与只拥有劳力并被迫将劳力出卖给资本家以谋生的人。马克思认为，在资本的所有者与劳力的出卖者之间存在着根本的对立，因为利润是通过支付给劳动者低于他们为组织创造的价值的工资来获得的。马克思将这种对于剩余价值（surplus value）的占有定义为剥削。根据马克思的理论，这一对立在资本主义内部无法得到解决，因为利润的增加意味着剥削的加重。

布雷弗曼将马克思对资本主义的分析与科学管理直接联系了起来，将科学管理视为一个由资本家对于削减成本、增加产量、最终实现利润最大化的迫切需求所推动的去技能化的过程。科学管理使得对劳动过程的控制权从员工手中转移到了企业主手中。正如我们在第 2 章中讨论的那样，在实施科学管理之前，员工在很大程度上控制着工作的完成方式与完成速度。科学管理通过将思考与执行分离，并将思考的任务分配给管理层，从员工手中夺走了对劳动过程的控制权，这导致了工作的去技能化与异化——工作丧失了意义。

布雷弗曼（1974：87）并不相信管理学教科书中流行的那种说法，即梅奥的人际关系理论取代了科学管理理论："泰勒主义主宰了生产的世界；人际关系与工业心理学的实践者都是人类机器的维护人员。"布雷弗曼认为,管理者运用科学管理来安排工作的完成方式,挑选与培训最优秀的员工去完成工作,然后运用人际关系理论来说服员工相信这种工作方式的好处,并取得他们的配合。这使组织的产出实现了最大化,并满足了组织的经济利益需要。

由于布雷弗曼将异化视为资本主义所固有的,因此,他认为只有通过与资本主义的彻底决裂才能解决异化问题,员工才能重新获得对于劳动过程的控制权与劳动成果。显然,这并不是美国的公司想要推广的。利用马斯洛的需求层次理论能够将异化的概念简化为缺乏有意义的工作,而这可以通过重新设计工作来解决。强调对个人的激励能够最大限度地减少结构性的不平等和种族及性别方面的歧视问题。举例来说,美国黑人社区糟糕的经济状况可以解释为缺乏激励,而对工作进行重新设计可以解决这个问题。卢西尔(Lussier,2019)总结道,马斯洛的需求层次理论不仅是一种实用的管理学理论,而且为资本主义提供了宝贵的意识形态支撑。

让我们回到福柯的批判性的历史方法上来结束对马斯洛需求层次理论的研究。正如我们看到的那样,福柯着手绘制权力与影响力之间的关系图,这一关系支持了被视为真理的知识的形成。这些真相具有特殊的效果:当权者通过控制它们获益,而其他人则受损。

将需求层次理论呈现为金字塔满足了几乎所有参与其中的人的需要：

- 像麦克德米德这样的咨询顾问需要用一个令人难忘的框架来说服客户。
- 公司在寻找能够提升员工士气的思想。
- 管理科学学会希望其成员做的研究能够被认为与实践相关。
- 研究者能够借此提出金字塔的改进版本以弥补马斯洛思想中的漏洞。
- 教科书的出版商与作者不仅需要一种对"现实世界"有着实际效用的思想，还需要像马斯洛这样的"创始人"所提供的学术信誉（接着通过论述马斯洛想法的简单与过时，来刻画管理思想的演进过程）。

顺带提一点，这也满足了马斯洛本人的需要。在麦克德米德提出马斯洛需求金字塔理论后，马斯洛活了 10 年，但他并没有主动去纠正。我们认为这并不是因为他将马斯洛需求金字塔视为其理论的准确的呈现。从我们对他的个人日记的分析来看，一个更为合理的解释是，他的职业生涯正走向崩溃。他觉得自己在心理学界没有受到重视。心理学主流的研究期刊已被实验研究占据，这让马斯洛感到沮丧，因为他认为这些主流期刊缺乏创造力与洞察力。经历了健康状况不佳与经济困难的时期，他也有了更多的"低层次"的需求。管理学界的关键人物把他看作一个大师，并为他铺上了红毯。他们给了他自认为应得的爱与地位。此外，通过演讲与咨询，他可以获得额外的收入。从这个角度来看，他被激励着随波逐流也就不足为奇了。

　　然而，我们认为，在这之中最大的输家是管理学专业的学生。马斯洛需求金字塔是对马斯洛需求层次理论的拙劣呈现，对于金字塔的关注掩盖了该理论产生的背景。由于仅仅关注马斯洛需求金字塔，我们忽视了马斯洛思想能够提供的其他洞见。在 1954 年《动机与人格》出版后，马斯洛成为少数几位挑战 20 世纪 50 年代盛行的因循守旧之风的著名心理学家之一。他大声疾呼，揭示大型组织与社会的整合是如何扼杀了个人的表达自由的。他将表达自由视为满足人类需求的先决条件。马斯洛关注个人的成长与成就，他关注人们对自身的了解以及自身潜能的发挥。他不是在为管理者编写指南，有时他会感到沮丧，因为商界将他的人性理论视为达到财务目的的手段，但这并非他本人所期望的，他期望的是一个更为开明的社会。

　　鼓励学生们阅读马斯洛的原著，对他们来说是有益的。学生们会更好地了解到，激励员工提高工作效率并不是马斯洛的需求层次理论的创建目的。他关心的是创造力、言论自由、个人的成长与成就——和马斯洛那个时代一样，在今天来看，这些问题对于思考工作、组织与我们的生活仍旧重要。

人际关系理论的局限性

激励理论的发展展示了更好地理解员工动机的一个进程。它始于霍桑实验中的惊人"发现"，即关注人类的需求，提供一个快乐且充实的工作环境会让员工工作得更加努力。麦格雷戈、马斯洛以及其他理论家的动机理论更为详细地阐述了管理者如何去解决组织中的激励问题。人们批判这些理论难以用科学来验证，但这符合流行的教科书对管理学发展的叙述，即从这些意图良好但最终充满了缺陷的基础理论发展到今天的更为精细、更为成熟的理论。对于即将开启职业生涯的本科生来说，这是一个令人欣慰的叙述，但它真的提供了关于动机的全部故事吗？许多被畅销的教科书所忽视的理论表明，事实并非如此。

我们已经讨论了这些被忽视的理论中的一个：布雷弗曼的马克思主义观点认为，激励问题是资本主义的组织所固有的，并且永远也无法得到解决，因为工人是受到剥削与异化的。他鼓励我们去质疑今天的人际关系管理是真的在关心员工，还是为压迫性的科学管理实践提供意识形态上的掩护。接下来，我们将回到福柯的理论，他提供了一个分析当今组织中的激励问题的有趣视角。

如果你把这本书作为大学课程的阅读材料来阅读，请想想哪些因素将会影响你的动机：

- 这门课程的费用非常昂贵，因而你打算通过努力学习来使得物有所值。
- 顺利完成课程并获得大学学位，你将能如愿获得一份高薪的工作，以在经济上支持自己以及家庭成员。
- 向马斯洛的需求层次理论的上层移动，你可能通过与其他同学或课程讲师建立良好的关系来使自己的需求得到满足。
- 课程的内容让你能够批判性地、创造性地思考工作中发生的事情。

我们发现，麦格雷戈的 X 理论与 Y 理论为理解学生的动机提供了有用的见解。麦格雷戈的关键性见解是，动机的缺乏可能是由管理者对员工所做的假设而带来的意外后果。我们观察到，一些教师基于相当严苛的 X 理论的视角来看待他们的学生，即假设这些学生缺少目标且对大学学习缺乏热情。这些教师强烈主张应该强制学生按时上课。麦格雷戈的理论表明这很有可能成为一个自我实现的预言（self-fulfilling prophecy），即假定学生是懒惰的将培养出消极的学生。值得庆幸的是，麦格雷戈认为基于 Y 理论的视角来看待学生也会是一个自我实现的预言。因此，我们在教学中采取了一种信任 Y 理论的态度，即相信如果我们能使学生参与到管理学研究的有趣的主题中，他们就会愿意上课并努力学习。这一切听起来都很棒——这是主流的管理学研究所承诺的双赢局面。然而，难道没有麦格雷戈的理论所忽视的其他影响动机的因素存在吗？

福柯（1979）对权力运作研究领域做出了重要贡献，他以由 19 世纪哲学家杰里米·边沁（Jeremy Bentham）设计的监狱为例说明了他的观点。圆形监狱（Panopticon）这样一种设计，让囚犯无法知道狱警是否以及何时在监视他们。福柯认为，随着时间的推移，囚犯会将这种权力关系内在化，并有效地监督自己的行为。测速仪就是此理论在当代应用的一个体现。我们知道自己可能被监控（室内可能装有摄像头），这就改变了我们的行为。

这一理论与理解学生的动机有什么关联呢？想想你的动机在多大程度上来自你认为你的工作将会被评估以及评分。当我们还是学生的时候，这当然是一个影响因素。它解释了即便在那些我们不喜欢的课堂上，我们也要努力学习的现象。现在我们是教授，更清楚福柯所说的规训权力（disciplinary power）的运作。从表面上来看，我们在工作中似乎有很大的自主权——我们可以在很大程度上决定研究和讲授我们感兴趣的东西，并且在大多数情况下，我们可以在适合自己的时间与地点工作。

我们和我们的学生一样，在很大程度上能够自主地进行自我管理，但我们真的是自由的吗？我们工作的每一个方面几乎都是可见的，并且是要被评判的。在我们所讲授的课程结束之时，学生会被要求填写一份问卷，对老师的表现进行评分。当我们晋升时，我们需要提交这些分数以供评委参考。大学会在官网上公布这些分数，表面上是为了告诉学生应该选择什么课程。最近的一项进展是对课程内容进行录音。这么做有很好的理由——录音意味着这些课程能够对那些可能生病、承担家庭事务或正在工作的人开放，并且方便学生考试前复习。这些录音也让那些没有出现在课堂上的人看到了我们的工作。制作课程录音的软件被称为"Panopto"，这绝非巧合，这是在纪念边沁的圆形监狱。

我们投入在研究上的时间也会受到评估。我们的研究被评估是为了给政府的资助决策提供信息，并向未来的大学生表明哪些大学表现优异而哪些大学没有达到标准。因此，毫不奇怪，我们的工作并没有受到太多的密切监督。我们的管理者不需要坐在课堂上，因为我们的教学质量可以通过学生的评分推断出来。他们不需要密切监督我们是否明智地利用了研究时间——对于研究成果的评估活动将代替他们做出判断，我们的研究成果将由来自其他大学与政府的资深人士进行评判。我们的绩效是通过一系列指标评估的。

在许多工作中，监督变得越来越普遍，并且在很大程度上成为工作的一部分。在零售业，到处都有摄像头和神秘顾客①（mystery shopper）。在呼叫中心，对通话进行录音已经成了一项行业标准。对餐厅与爱彼迎（Airbnb）来说，客户能够通过网上评论来评估它们的服务水平。

我们并不否认这一切都有其功能性的一面。不断地受到关注与评价是高质量完成工作的强大驱动力，这是激励的一个重要来源。但问题是，你不太可能在畅销的主流教科书中找到福柯的规训权力理论（一个值得注意的例外是罗伯茨（Roberts，2017）的书）。探索激励的局限性将会打乱关于激励理论的传统叙述，这种叙述将其视为一个令人愉快的、双赢的故事，其中有人们想要去满足的社会需求，而老练的管理者则会对工作以及工作环境进行设计以满足这些需求。我

① 神秘顾客指的是那些受雇假扮成顾客去了解服务质量的人。——译者

们认为这两种观点都为工作中的激励提供了宝贵的见解。只向学生与管理者介绍其中的一种观点有可能会导致误解。

结　论

在本章中，我们已经看到了一些著名的激励理论是如何为满足人们提高组织绩效的渴望而产生的。重新回顾这些理论，以及那些通常被教科书排除在外的理论，我们能够形成一些新的见解。

批判性见解

5. 人际关系理论像科学管理学理论一样，都是为了解决资本主义的危机而产生的。

梅奥的实验表明当人们的内在需求被满足时，他们能够变得更高效，该实验被誉为一项发现。另一段历史表明，梅奥实验并没有什么新发现，梅奥美化了调查结果，以支持他先前就有的促进工作场所中的合作以及压制工会蔓延的想法。正如科学管理是为了应对特定的问题（资源保护）而流行起来一样，人际关系理论也是如此。人际关系理论应对的特定问题是劳工骚乱以及人们对美国资本主义丧失了信心。

这些历史强化了一个经验，即管理学理论通常是为了回应社会情境中的某些问题而产生的，不是在科学的真空中发展起来的。

6. 激励理论为了管理学的受众而被转化，并在这一过程中丧失了原意。

马斯洛与其他激励理论家的理论是为了管理学的受众而被转化的，这导致了理论的原意在一定程度上被歪曲。进行这一转化的是那些需要证明其学科的实践相关性并进行科学研究的管理学学者、寻求观点进行推销的咨询顾问以及寻找合适内容的教科书编写者和出版商。我们认为，在将这些理论应用到不同的管理情境之前，尝试理解这些理论家的原著是很有价值的。

7. 马克思主义认为，激励不足是资本主义内部雇佣关系的产物。

激励理论在管理学研究中的发展使人们的注意力从那些将资本主义制度视为工人激励不足的根本原因的解释上转移开来。这些理论通常不被纳入管理学的教科书之中。布雷弗曼借鉴了马克思主义理论，强调资本主义内部的经济剥削关系以及各种形式的异化是导致激励不足的一个原因。管理思想家应该留心那些被人们遗忘的或者小众的管理学理论——它们可以为我们提供有用的替代方案，丰富我们的知识。

8. 边沁的圆形监狱表明，受到监督是激励的一个主要来源。

另一个往往不被纳入管理学教科书的理论暗示了激励所具有的局限性，即认为我们努力工作的动力来源于我们知道自己正在被持续地监督与评估。边沁的圆形监狱理论挑战了流行的叙事方式，即今天的工人拥有高度的授权与自主权。鉴于这种监督以及工人对它的抵制都在增加，管理者可能会重新思考这样的理论。

第 4 章

让员工适应组织：人格、群体、团队和文化

在前面几章中，我们介绍了管理学作为一个研究领域的发展。我们发现 20 世纪 60 年代美国的商学院为缓解面临的学术压力，选择从事更多的科学研究来提高自己的学术地位，并提升管理作为一种职业的地位。我们也探讨了管理学教科书是如何通过融合经典和前沿的科学方法提升其在读者心中的可信度的。管理学理论的这种科学取向与我们在第 1 章中描述的工具性因素非常契合——以一种使组织更具生产率和效益的方式管理员工。

我们可以发现，管理学研究的发展有赖于对其他学科的理论的借用（borrowed），但这种方法往往导致对所借用理论的歪曲和错误陈述。例如韦伯的官僚制理论原本是为了说明权威的来源朝着更强调规则的方向转变，但这一理论最初出现在管理学教科书中是为了给管理者创建理想官僚制（ideal bureaucracy）提供配方（recipe）或处方。韦伯被描绘成官僚制的倡导者，他对官僚制弊端的担忧却被忽略了。我们还分析了马斯洛的需求层次理论，马斯洛通过需求层次理论表明人类的共同点比我们意识到的要多，并以此来表达他的避免战争的愿望。但在管理学领域，该理论却被视作可供管理者参考的框架，以提高员工的生产率。

这种为了适应管理的目标与意识形态偏好而发展理论的过程是本章探究的主题。在此，我们从组织行为学（OB）的三个核心话题——人格、群体动力和文化出发来探索并挑战这些理论的起源。从管理学的角度来看，了解组织中人的行为对于成为一名优秀的管理者至关重要。但同样地，这些理论也应该有助于管理者控制组织中的行为。正如一本畅销的管理学教科书所说的那样：

> 组织行为学的目标是解释、预测和影响行为。管理者要能够解释员工为什么会这样做而不是那样做，预测员工对各种行为和决策的反应，进而影响员工的行为。（Robbins et al.，2016：212）

管理学教科书曾将控制、计划、领导和组织并列为管理的四项基本职能。但在今天，管理学似乎倾向于不再使用"控制"一词，可能是因为它有一种消极的含义，即强迫某人以特定的方式行事。现在，"影响力"（influence）一词更受欢迎，但我们认为，这两个词背后的目标是相同的。

在本章中，我们将探讨管理学教科书中经常出现的有关人格、群体动力和文化的著名理论。正如我们在前面几章中

发现的那样，管理学对这些理论的描述往往是不准确和片面
的。除此之外，我们还将深入研究畅销的教科书中并未涉及
的关于人格、群体动力和文化的其他理论，这些理论揭示了
管理者试图控制员工行为可能带来的负面后果。将员工人格
与工作相匹配，围绕共同愿景努力创建和谐、有凝聚力的团
队和强大的组织文化，可能会扼杀员工的批判性思维、创新
能力和创造力。

人格理论和人格测试：　MBTI 人格测试案例

为什么理解员工的人格能让管理者的工作更有效？有两
个原因可以解释这一点：首先，也是最重要的，了解员工的
人格有利于将人与职位相匹配。人格测试已经成为招聘工作
的一个重要组成部分，因为人们相信，某些类型的人格适合
特定类型的工作。如果匹配得当，组织会拥有更快乐和更高
效的员工；如果匹配不当，不仅员工不快乐、效率低下，管
理者也不快乐。其次，掌握人格理论可以让管理者更好地了
解员工。人们相信人格理论可以解释为什么有些人在新的环
境中会感到不舒服或难以快速做出决定。

卡尔·荣格（Carl Jung，1875—1961）的著作对促进人
们对人格的理解有很大影响。他提出了一组维度来解释不同

的人格。在研究管理思想从荣格那里借鉴了什么之前，值得我们注意的是，管理学对荣格思想的借鉴是相当有选择性的——那些不容易被转化为简单"处方"的部分已经被遗忘了（O'Doherty and Vachhani，2017）。

荣格（1923）认为，我们生活在两个世界：一个是内在的无意识世界（unconscious world），我们只能在特定的时间，比如做梦的时候，才能进入这个世界；另一个是外部世界，一个理性的日常世界。荣格认为，对人们来说，探索这两个世界里的人格很重要。你可能对荣格使用的"外向型"（extroverts）和"内向型"（introverts）两个术语非常熟悉。荣格认为，具有内向型人格的人更专注于他们的无意识世界，具有外向型人格的人则更专注于外部世界，不愿意洞察他们的无意识领域。

你可能不知道，正是荣格提出了外向型和内向型的概念，但畅销的管理学教科书很少直接提到他。你很可能是通过迈尔斯-布里格斯类型指标（Myers-Briggs Type Indicator，MBTI）人格测试了解这些概念的。MBTI人格测试是一种基于荣格理论发展起来的人格测试工具，它由荣格的两个铁杆粉丝提出。

被管理学教科书广泛提及的MBTI人格测试依据被试者对93个问题的回答确定了16种不同的人格类型，这些类型源自荣格提出的人格四维度：

- 外向（extraversion，E）与内向（introversion，I）
- 感觉（sensing，S）与直觉（intuition，N）
- 思考（thinking，T）与情感（feeling，F）
- 判断（judging，J）与知觉（perceiving，P）

每个维度都被视为二分的，例如你要么是外向型的，要么是内向型的。被试者回答完问题后会得到一个由四个字母组成的缩写词，它表示被试者的人格类型。例如，测试结果为 ENTJ 的人大多性格外向、果断，非常适合担任领导角色，而 INFP 则代表被试者忠诚且乐于理解他人。MBTI 人格测试的思路很明确，即人格类型不会改变——我们生来就属于某种特定的人格类型。

与其说 MBTI 人格测试是一个测试，不如说它是一个指标，因为它没有正确或错误的答案。ENFJ 并不比 INFP 好，它们只是不同而已。正如埃姆雷（Emre，2019）在其介绍 MBTI 人格测试发展史的专著中所说的那样，它打破了心理测试的传统，不再将重点放在区分正常人与神经病、精神病和反社会人格者上。

MBTI 人格测试由凯瑟琳·库克·布里格斯（Katherine Cook Briggs）和她的女儿伊莎贝尔·布里格斯·迈尔斯（Isabel Briggs Myers）在 20 世纪 40 年代创立。凯瑟琳没有受过专业训练，但她对有关人格的概念十分着迷，并根据对家人、朋友和名人的观察，开始发展自己的分类理论。凯瑟琳相信掌握这个方法就能够帮助人们选择最适合自己人格的工作，并使他们充分发挥自己的潜力。后来她偶然看到了荣格（1923）的著作《心理类型》（*Psychological Types*），尽管行为主义者认为这本书对人格的科学研究而言毫无价值，但凯瑟琳和伊莎贝尔仍然借鉴了荣格的思想，并发展了她们的MBTI 人格测试理论。

无论是凯瑟琳还是伊莎贝尔，她们都没有任何精神病学或心理学方面的背景。但她们都是有远见的人，看到了这个人格测试工具的商业潜力，据此能够将人们分类并进行相应的管理。MBTI 人格测试不仅仅是一个产品，它已经成为一个产业，每年都有 250 多万人参加评估——你很可能曾经参加过。这个产业中不仅有经过认证的培训师和教练，而且测试本身也早已成为人力资源经理工具箱中的常用工具。

只是，MBTI 人格测试背后的理论是缺乏科学支撑的。心理学家亚当·格兰特（Adam Grant，2013）认为，MBTI人格测试根本不符合高质量科学测试的主要标准，那就是可靠性、有效性、独立性和全面性。只有测试结果能够长期保持一致性，才能证明测试是好的、可靠的。格兰特第一次参加测试时，得到的结果是 INTJ，几个月后却变成了 ESFP。（请记住，MBTI 假定被试者所属的人格类型是不变的。）

如果一个测试成功地预言了可能的结果，那么它就是有效的，但 MBTI 人格测试在这一点上也是失败的。虽然有一些证据表明不同人格类型的人会被适合他们的职业所吸引，但没有强有力的证据表明人格类型会影响工作绩效或团队效能。格兰特还批评 MBTI 将某些偏好绝对二分的做法，例如，它将思考视为情感的对立面。因为有大量证据表明，思考和情感对于人们来说通常是两者兼具的而不是非此即彼的，而且思维能力更强的人通常也更善于处理情绪。最后，MBTI 人格测试覆盖的测试指标并不全面，这就像你在进行全身体检时忽略了身体的一些器官。例如，它忽略了人们在高压状态下是否有保持冷静的倾向，也忽略了对尽责性（conscientiousness）的考察，但这两点目前都被视为人格的关键组成部分。

MBTI 人格测试案例是我们前面提到的一个主题的有力证明。管理学教科书通常喜欢宣传自己为管理者提供了最佳的科学理论，但在实践中，许多教科书花大量篇幅介绍缺乏科学可信度的商业产品。MBTI 人格测试的捍卫者认为它的广泛使用已经证明了它所具备的相关性和实用性。反对者可能会反驳，占星术同样具有广泛的吸引力，这一点并不是管理学教育或实践的基本特征。

然而，如果认为 MBTI 人格测试只不过是一个成功的营销案例，那对它来说有失公允的。它之所以具有强大的吸引力，是因为它承诺能够揭示我们的真实自我（true self）或本质——我们所有人生来都有一系列偏好，这些偏好可以用四个简单的字母来概括。MBTI 人格测试能够为我们提供满意的答案，否则我们可能会没完没了地探寻自己真正是谁。它不对我们进行评判，只需要我们回答一些简单的问题就能给出答案。我是谁？我是一名 INTJ。

在科学测量中表现得更好的人格理论往往关注特质而不是类型，比如大五人格特质（Big Five personality traits）理论关注如下几个特质：

- 外倾性（extraversion）

- 神质性（neuroticism）

- 宜人性（agreeableness）

- 尽责性（conscientiousness）

- 经验开放性（openness to experience）

MBTI 人格测试将人格维度视为非此即彼，与之不同的是，大五人格特质理论将这些特质置于一个范围之内。所以，你不是一个绝对内向或外向的人，你可能只是在外倾性方面得分非常高或非常低，或者介于两者之间。MBTI 人格测试假设人的类型永远不会改变（暗示我们的人格是与生俱来的），但大五人格特质理论承认人格是天性（从父母那里继承的）和教养（我们的经历，特别是童年时期的经历）的综合。

大量研究表明，大五人格特质理论的可靠性很高，它可以预测各种结果，包括工作绩效和团队效能。只是大五人格特质理论在商业应用方面始终未能与 MBTI 人格测试相匹敌，可能的原因是，很少有人会喜欢被贴上令人不快、神经质或不愿意接受新体验之类的标签。

对人格理论的批判性思考

大五人格特质理论和 MBTI 人格测试都非常适合应用于管理领域，因为它们都通过向管理者提供有关人格的知识来帮助组织获取经济利益。正如我们在本章开头所讨论的那样，管理者通过掌握人格理论，不仅能够解释员工的行为，还能够预测员工的行为，从而使员工行为变得可控——这样能够引导员工服务于组织的经济利益。但这种管理观点受到了部分人的质疑，他们不仅对人格研究的目的和方法持怀疑态度，并且质疑将人进行分类以方便控制的做法的可取性。

MBTI 人格测试和大五人格特质理论都为我们提供了发现真实自我的可能性。你可能对于真实自我的存在没有任何异议，因为在生命中的某个时刻，你可能会收到来自家人或朋友的建议，他们让你做自己。做我们自己意味着不模仿他人或不在意他人对我们的看法。做自己的基本假设是，我们是一个拥有真实自我的个体，等待得到充分展现。

根据罗伯茨（Roberts，2017）的说法，美国哲学家乔治·赫伯特·米德（George Herbert Mead）对真实自我的有关表述并不认同，他提出，自我是社会过程的产物。米德（1934）认为，我们生来具有自我意识的潜力，而不具备成熟的自我。我们早期的经历和发展都有助于构建自我。我们通过理解他人对我们的回应来了解自己。对米德来说，自我的形成是一个持续不断的过程。随着我们自身的发展，我们既创造了对自我的意识，同时也创造了一种我们必须是谁的信念，以便确保我们被爱和被珍视。早期影响这种意识形成的人通常是我们的父母或监护者，他们的赞扬或批评都影响着我们关于应该成为什么样的人，以便能够为他人所接受和认可的信念。但即使在我们成年甚至开启职业生涯后，我们仍然处于这种永无止境的生成（becoming）状态，这个过程中，我们的同事和管理者将成为自我意识形成的重要的影响因素。

这种理论认为自我（或者我们可以称之为身份）是流动

的、永远处于不完整的状态，与人格科学的观点不同。而诸如大五人格特质理论等虽承认我们成长的社会环境塑造了我们的个性，但认为人格处于相当稳定的状态，尤其是当我们成年并开始工作后。

另外，人格科学强调个体的独立性。即使是那些承认我们的人格在出生时并不固定，而是在童年经历中发展起来的理论，也首先将我们视为具有特定人格类型或特征的个体。相比之下，关于自我和身份的理论拒绝承认"做你自己"的可能性，因为我们的自我与他人是不可分割的——它是通过我们与他人的互动而构建和发展起来的。

米德的关于身份和自我的理论可以用来研究激励效用的局限性，这恰恰是畅销的管理学教科书中普遍缺乏的角度。我们在第 3 章讨论了这一点，并提到了边沁的圆形监狱。在这样的监狱里，囚犯知道他们的行为随时随地都可以被观察到。据此我们相信，我们对于可能被监督和评价的意识是一个重要的但往往不被谈论的动机来源。

在第 3 章，我们曾让你思考激励你在大学努力学习的因素。除了我们之前列举的，或许还有另一种可能——你总是拿自己和别人做比较，如果你表现出色就会自我感觉更加良好。你也许认为有些事情不仅要向自己证明，还要向生命中其他重要的人证明，比如你的家庭成员。沃克和卡普拉

（Walker and Caprar，2019）认为，无论是在中学或大学、工作中、运动场上，还是在生活中的其他场合，我们都生活在一个沉迷于绩效的社会里。对于许多人来说，绩效关乎身份地位。有时这种激励可能是积极的——我们将自己定义为一个高绩效者可以增强我们的自信和自尊。但这种激励也有消极的一面，比如高绩效者为获得成功往往给自己施加巨大的压力而导致患上某些疾病。他们可能难以从自己的成功中获得乐趣，因为他们将高绩效视为其期望的最低标准，而不是庆祝的理由。对绩效的焦虑可能会导致一种冒充者综合征（imposter syndrome），患上这种综合征的人通常是非常成功的人，他们时常会怀疑自己的成就，并生活在恐惧中，害怕自己的"骗子"面目（fraud）被揭穿。

有证据表明，这些人正是一些专业服务公司最青睐的员工，这些公司包括律师事务所、会计师事务所、咨询公司和其他专业组织，它们被商学院的许多毕业生视为心目中的理想雇主。恩普森（Empson，2018）花了 25 年的时间对这类专业服务公司进行学术研究，采访了 16 个国家的 500 多名员工。她发现，一些精英公司总是有意识别并招募那些她所称的缺乏安全感的出类拔萃者（insecure over-achiever）。他们能力出众，雄心勃勃，但他们成功的动力来自对自身不足的深刻认识。这种我永远不够好的感觉通常始于童年时期，形成的原因往往是他们相信父母的爱取决于他们是否表现出色。

我们之所以能够体会到这些，是因为无论在学生时期还是在工作中我们也有这种感觉，不仅如此，我们还与许多有类似经历的学生进行了交谈。我们生活在一个崇尚高绩效的社会，但组织也会利用我们对于绩效的不安全感。如果我们对绩效感到不安，那么被视为一个表现出色的学生或员工能让我们自己感觉更好。追求认可激励着我们。

在管理学教科书中很少提及理论的局限性。传统的说法是，如果我们感到快乐，我们的社会需求得到满足，那么我们就会表现良好。并且，员工在获得授权和拥有高度自主权时最快乐。本部分描述的这些另类理论挑战了传统的观念。这些快乐理论以及它可能产生的满足情绪有可能成为组织利用员工不安全感的帮凶，管理者通过监督和评价员工的一举一动，促使员工更加努力地工作。我们可能会觉得并没有人告诉我们该做什么，但我们绝不是自治和自主的。

群体动力理论和团队合作的兴起

如果你有过求职经历，并阅读过职位匹配者必须具备的特质清单，那么具有团队合作精神很可能在清单中占据重要位置。与团队成员进行合作的能力在工作中越来越受到重视，因为合作能力有利于员工和组织的发展。团队将具有不同技能、专业知识和经验的人聚集在一起，并期待成员可以比独自工作时表现得更好。这反映在协同（synergy）的概念中就是团队的努力大于每个人的努力之和。通信技术的发展意味着现在与他人的交流比以往任何时候都更加容易。随着越来越多的公司将业务拓展到全球范围，最适合这份工作的员工可能会分散在不同的国家。能够跨越多种文化、在不同的团队中高效地工作是雇主广泛追求的员工技能。

大多数的教科书在关于群体动力学的章节中都会提及布鲁斯·塔克曼（Bruce Tuckman），他在 1965 年提出了团队发展的阶段模型理论。他对当时的研究进行了提炼，并在此基础上将团队发展划分为四个阶段：组建期（forming）、激荡期（storming）、规范期（norming）和执行期（performing）。

在组建期，成员们开始了解团队的基本信息，并逐渐形成一种团队意识。你可以回忆一下当你在大学开始学一门新课程的时候，你会认识老师及其他同学，然后大致了解课程的内容。

激荡期是团队内部的冲突时期，管理者会依据成员角色制定规范成员行为的非正式规则或准则（norm），明确哪些行为是可以接受的。例如，在第一堂课上，老师和学生经常就上课迟到这一问题产生冲突。如果有学生迟到，老师可能会停止讲课，并告诉学生应该准时到达。或者，老师可能会停止讲课，看着迟到的学生，直到他们坐好再继续讲课。这两种行为都会向全班传达这样一个信息：迟到是不被接受的。让我们再来关注另一种情境：如果老师提出一个问题但没有学生回答，接下来可能会怎样呢？如果老师继续讲课，就会形成一种规范，即学生不回答可以被接受；如果老师站在那里等待学生回答，造成令人尴尬的沉默往往会督促学生与老师互动，从而更有可能形成一种有成效的课堂规范。

在冲突逐渐平息后，团队就会进入规范期。如果团队制定的规则不利于绩效的提高，冲突可能会在随后的阶段继续出现。到了最后的执行期，团队的结构和角色将最终明确，团队的力量被引导到完成任务上。

在塔克曼发表概述这四个阶段的文章 12 年后，塔克曼与玛丽-安·詹森（Mary-Ann Jensen，1977）发表了一篇新的论文，并增加了团队发展的第五个阶段：休整期（adjourning）。这是团队生命周期中的终结（death）阶段，团队成员完成任务后的感受将是本阶段关注的重点。

管理学教科书中经常会出现的另一个概念是社会惰化（social loafing），它来源于法国农业工程师马克斯·林格尔曼（Max Ringelmann）在 1913 年做的一组实验。林格尔曼让参与者（他们都是处于工作年龄的男性）分别拉动一根绳子五秒钟，并测量他们的最大拉力。然后，他将参与者分成不同规模的小组，他发现随着小组规模的增加，参与者施加的平均力反而在减小。

人们对这种情况做出了各种解释，其中包括搭便车效应（free-rider effect）和吸盘效应（sucker effect）。你可能在大学的小组作业中有所体会。搭便车者通常相信其他人会努力完成任务，因此他们不再需要过多付出。当团队成员无论贡献多少都平均地分享成果时，搭便车效应尤其突出。对搭便车的恐惧会导致吸盘效应，团队成员为了搭便车而减少努力——因为他们不希望自己是完成所有工作的"吸盘"。

令人惊奇的是，管理学教科书似乎都倾向于忽略一些有趣的关于社会惰化的研究。林格尔曼实验的参与者都是男性，但如果参与者是女性呢？卡劳和威廉姆斯（Karau and Williams，1993）回顾了 78 个有关社会惰化的研究，他们发现男性比女性更有可能产生社会惰化。男性更倾向于个人主义和竞争，而女性则更倾向于集体导向。女性通常更友好、无私和关心他人，这意味着她们更倾向于认为在集体任务中表现出色至关重要。

还有证据表明，除了性别以外，文化差异也是影响社会惰化的重要因素之一。一个人如果来自个人主义文化背景，那么他比来自集体主义文化背景的人更有可能产生社会惰化（Earley，1989）。因此，如果在集体主义文化中复制林格尔曼的拉绳实验，可以预见，集体产生的拉力会大于个人产生的拉力总和——这才是我们前面描述的协同效应。

令人费解的是，为什么教科书很少提到这些性别和文化差异？可能是因为畅销教科书的作者来自提倡个人主义的国家？或是因为大多数教科书都由男性编写，且管理一直是并将继续由男性主导？也许还有一种可能，那就是即便是那些标榜自己为科学的教科书在使用社会惰化的科学证据时也多有不便。①

从众的危害性

即使是在个人利益优先于集体利益的社会中，工作也几乎是在团体中完成的。长期以来，研究人员一直对群体中个人所承受的压力充满兴趣。几乎每本管理学教科书都会描述两项研究：所罗门·阿希（Solomon Asch）关于从众的研究和欧文·贾尼斯（Irving Janis）关于群体思维的研究。

同马斯洛一样，阿希也是由于对行为主义的挑战而声名

① 社会惰化研究因其复杂的要素特征，不易转化为简单、易操作的管理学理论，因此在教科书中往往做了简化处理。——译者

鹊起的。行为主义通常过分强调个人行为，并且将主观经验和社会现象排除在科学研究之外，但阿希认为，群体行为不能完全用个体的理性行为来解释，这一点在他的从众行为研究中得到了证明。他的从众实验将参与者置于群体情境之中并要求他们辨认卡片上线段的长短。

参与者被告知这项研究是关于知觉判断的，并被安排与其他七名参与者围坐在同一张桌子旁边。但参与者不知道的是，其他几人其实都是配合实验者。实验开始后，所有人都会看到四条线段，并被询问哪两条线段的长度相等。如图 4-1 所示，我们可以很容易地看出，线段 X 和线段 B 的长度相等。然而，当其他参与者给出明显不正确的答案时，1/3 的实验参与者竟然都表示赞同，而不是相信自己的判断。

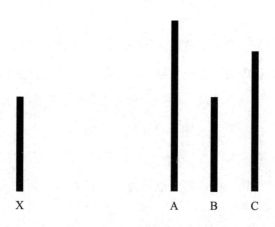

图 4-1 阿希的从众实验

阿希（1958）对实验结果的解释是，尽管这些参与者知道答案是错误的，但他们还是屈服于群体压力。这对管理者来说是一个重要的启示，在工作中他们应该鼓励团队成员自由发言，而不是屈服于群体压力。

还有一个著名的例子也提到了从众的危害，那就是群体思维（groupthink）。群体思维是乔治·奥威尔（George Orwell）在反乌托邦小说《1984》（*Nineteen Eighty-Four*）（1949）中用来描述极权主义的词语。但在管理学教科书中，群体思维的提出几乎总是归功于欧文·贾尼斯，他在 1971 年发表了一篇题为《群体思维》（Groupthink）的文章，一年后又出版了一本书《群体思维的牺牲品》（*Victims of Groupthink*）（Janis，1972）。贾尼斯认为，群体思维就是将共识凌驾于对行动方案的客观评估之上。具有这种思维的团队成员大多拥有这样一种信念，即成功的团队是能达成共识的团队。贾尼斯以"猪湾事件"（1961 年美国入侵古巴失败）和 1941 年日本袭击珍珠港为例来说明他的理论。他提出，群体思维具有以下八个特征：

● 产生无懈可击的错觉，群体产生毫无根据的乐观情绪，并倾向于过度冒险。

● 追求决策的集体合理化，忽略可能致使群体成员质疑行动方案的警告。

- 对群体的内在道德深信不疑，导致群体成员无视伦理道德问题。

- 对群体外成员的看法刻板化，认为外来者邪恶、软弱或愚蠢。

- 向持不同政见者施压，凸显他们对团体的不忠。

- 要求个人进行自我审查，减少他们对决策的疑惑或不同意见。

- 形成全体一致的错觉，将沉默视为赞同。

- 自我任命为"思想警卫"（mindguard），保护群体不被那些可能打破表面共识的信息干扰。

除此之外，贾尼斯还就如何更好地处理这些问题提供了一些建议：

- 领导者对于来自其他成员的批评应该持开放态度。

- 指定成员充当批判者，鼓励大家质疑和反对。

- 领导者应保持公正并隐藏自己的偏好。

- 成立几个不同的独立小组，分别就有关问题同时进行决议。

- 同团体外其他人就群体意向交换意见，并将他们的意见反馈给团体。

● 邀请群体外的专家参加小组会议，并鼓励他们对表面的群体共识提出挑战。

不难看出，为什么贾尼斯的群体思维理论对管理学教科书的编写者具有强大的吸引力。研究中涉及的珍珠港等著名事件为教科书提供了现成的案例，这些案例突出了该理论的重要意义。贾尼斯提出群体思维八个特征的动机是协助实验的开展并对所提假设进行证明，但对于管理者来说，这是一个易于应用的诊断框架，它非常符合教科书对管理主义视角的偏好。

然而，后来对贾尼斯群体思维理论的检验结果是令人失望的。许多研究都没有证明贾尼斯的群体思维的八个特征和研究案例具有正相关关系。尽管如此，如同马斯洛的需求层次理论一样，几乎所有的管理学教科书都将该理论纳入了介绍群体动力学的章节中。

有关群体思维理论更加有趣的一点是，贾尼斯其实并不是这个理论的创始人，威廉·怀特才是。怀特是《财富》（Fortune）杂志的一名记者，他于 1952 年发表了一篇题为《群体思维》的文章。作为著名作家，他在 1956 年出版的《组织人》（The Organization Man）一书中批评了大型企业在美国社会中造成的负面影响。这本书的销量超过了 200 万册，被认为是有史以来最有影响力的组织学书籍之一。

那为什么管理学者们不承认怀特是群体思维理论的创始人呢？具体原因我们不能确定，但通过细致地研究怀特的作品，我们怀疑这与他对当时人际关系理论发展的强烈批评有关。

第3章中我们提到过怀特，他是挑战梅奥在西部电力公司的所谓发现的学者之一。怀特承认，在科学管理的机械世界观占主导地位的时候，梅奥将关于人的维度推向前台，对管理学的发展做出了重要贡献。但他认为，梅奥将归属感视为工作中缺失的重要因素，是以牺牲个人利益为代价的。

怀特不相信那些证明群体努力优于个人努力之和的所谓科学证据。他说，如果你仅仅从群体动力学的角度分析组织中的问题，你会将其诊断为群体内部的不和谐，从而忽略真正的原因。对怀特来说，人际关系的研究已经不是一项科学事业，而是一场道德讨伐运动。怀特将大学视为人际教化过程中的同谋，它们过分强调职业培训，并因此导致批判性、智识性教育质量的下降。

怀特担心随着工作小组的兴起，组织中的群体性工作和群体一致性将会不断被强调，这可能会破坏员工的个体独立性。他认为，群体本能地敌视那些挑战群体观点的个人，因为大家都相信，一个高绩效的群体是达成共识的群体。但这不应该成为压倒一切的目标，因为进步往往来自对那些占主导地位、被视为理所当然的观点的挑战。

我们认为，通过了解怀特写作的社会背景等信息，我们可以提供一个合理的解释来说明为什么他没有被视为群体思维理论的创始人。让我们认真思考，群体动力学领域是否愿意承认这样一个学者呢？虽然他为理论的发展做出过重要贡献，但他在根本上质疑该理论的存在。将贾尼斯视为创始人对于学术界似乎更加有利，尽管他的观点迟到了 20 年，更重要的是，贾尼斯概括的群体思维的八个特征及其解决方案与管理学教科书所偏爱的管理主义观点更为吻合。

组织文化：契合的问题

在本章的开始，我们讨论了管理者在招聘员工时通常会用到人格测试。这是否意味着组织对你这个人感兴趣，继而想评估你是否适合这份工作，了解你可能会如何应对各种情况，了解你的优势和劣势呢？怀特认为，虽然人格测试声称是关于个人的测试，但实际上是为了将个人融入或归入群体中，在《组织人》（*The Organization Man*）一书中，他增添了一个附录——如何在人格测试中作弊（How to cheat on personality tests）。现在，组织文化（organizational culture）

理论在群体动力理论的基础上继续发展，如果怀特今天还活着，他可能会对如今组织文化理论的流行感到更加沮丧。

理解文化最简单的方法就是把它看作做事的方式。文化是一组共同的信念，它影响着我们的行为方式。在管理学领域，最著名的文化理论家是埃德加·沙因。

沙因（2010：32）将组织文化定义为"组织成员共享的基本假设和信念，这些假设和信念在潜意识中运作，并以理所当然的方式定义组织对自身及其所处环境的看法"。在沙因的定义中我们需要注意的要点是，文化是一个集体概念，它有别于个体层面的一些概念，例如感知。有关文化的信念是根深蒂固的，通常深藏于意识层面之下。例如，通常情况下，只有当我们在旅行中体验到了一种新文化，或者开始一份新工作，遇到了不同的信仰体系时，我们才会停下来反思现有的信仰。

一种从视觉上直观呈现文化概念的方法就是将它描绘成冰山。沙因区分了文化的三个层次：物质层（artefact）、拥护的价值观（espoused value）以及潜在的基本假设（basic assumption）。物质层是文化的视觉呈现，指的是冰山在水平面以上的部分，具体内容包括建筑，人们的穿着、饮食以及仪式和传统等。

通过物质层解读文化的挑战在于，物质层的含义可能是模糊的。例如，最近一些组织兴起了拆除办公室的墙体以创建开放式布局的风潮。这可以解释为体现了管理层追求平等、团队合作和开放沟通的理念，或者，也可以视为管理层对员工监督的强化或削减成本的一种措施。

由于海水的密度比冰大，因此冰山都是漂浮在海水之上的，事实上它的大部分质量都集中在水平面以下，水平面以上可见的冰山部分通常只占其质量的 15％ 左右。冰山比喻是一个具有吸引力的表达形式，因为它能够帮助人们很好地理解文化，同冰山一样，文化的绝大部分都掩藏在表面之下的更深层次之中。

拥护的价值观通常是指组织的官方价值观，例如客户关怀、团队合作和质量保证。它常常出现在诸如使命宣言和战略文件等物质层中。比拥护的价值观更深层的是潜在的基本假设，即沙因所说的文化的本质。潜在的基本假设很难被改变，因为它通常是无意识的，并被认为是理所当然的。

虽然冰山模型经常用来表示沙因的组织文化理论，但这并不是他创造的，而且他也不认为冰山模型是其理论的一个合适的表达（Schein，2015b）。冰山的冻结（frozen）性质似乎表达了文化以一种固态的静止形式存在，但在现实中，文化是动态的和进化的。据说，沙因更喜欢用"莲花池塘"（lily pond）这个比喻，因为它和文化一样，是鲜活的、不断变化的生态系统。而且，同文化一样，你在莲花池塘表面看到的东西都是从水下孕育出来的。

对组织文化的兴趣出现在 20 世纪 70 年代末，是对美国经济面临的挑战的一种回应。那时，美国经济正面临增长缓慢、高通胀和高失业率的窘境。相比之下，日本经济却表现出色，这促使美国的顾问和研究人员开始研究，是什么因素使得日本企业更加成功。他们指出，日本的终身雇佣传统使得员工对企业产生了强烈的忠诚感。员工在正规教育结束后加入公司，并将其职业生涯全部奉献给公司，员工对组织忠诚，组织也对员工忠诚。

此后，美国的顾问和研究人员试图将这种对共同价值观的强调移植到美国的管理实践中。1982 年，麦肯锡顾问汤姆·彼得斯（Tom Peters）和罗伯特·沃特曼（Robert Waterman）出版了一本畅销书《追求卓越》（*In Search of Excellence*）。他们研究总结出卓越的公司都具备一组共同的特征[①]：

● 采取行动，即偏好行动而不是无尽的分析与沉思。

● 接近顾客，即在产品和服务上理解和回应顾客的需求。

---

① 此处翻译参考汤姆·彼得斯，罗伯特·沃特曼. 追求卓越. 胡玮珊，译. 北京：中信出版社，2012。——译者

- 自主和创业精神，即将公司分割成小群体，鼓励员工开展独立思考与竞争性思考。

- 将生产率同员工联系起来，即在组织中达成共识：每一个人都是有价值的，都能分享公司的成功。

- 亲身实践、价值驱动，即管理者必须熟悉公司的各项基础事务。

- 坚持本业，即专注于核心业务以保持商业优势。

- 规则简单、人事精简，即拥有较少的管理者、小型的管理团队。

- 宽严并济，即形成员工共同致力于实现企业价值的文化氛围。

彼得斯和沃特曼在该书出版后的几年内受到了批评，因为书中提及的一些卓越的公司，如王安实验室（Wang Laboratories），都走向了倒闭。然而，这本书倡导的许多核心主题仍然经久不衰。在上面提到的卓越公司所具备的特征中，最后一点是宽严并济，这是文化管理的关键。彼得斯和沃特曼认为，在卓越的企业中，员工都非常认同组织的价值观。这种深层次的联系，正如在日本企业中观察到的紧密联系和忠诚感，创建了一种信任的环境，员工在其中能够承担风险并追求创新。这让员工感到自己被赋予了权力和自主性，但实际上他们都受到了严格的控制——只是控制的机制是文化契合，而不是专制的管理。

如果我们回顾第 2 章中关于官僚制理论的讨论，就不难理解为什么组织文化理论对企业如此具有吸引力。官僚制理论在 20 世纪 70 年代曾经十分流行，但到了 80 年代初，它被认为会造成组织效率低下、缺乏灵活性。官僚制理论指导下的企业通常将中层管理者划分为许多层级，其主要工作是监督层级更低的员工工作，这种组织形式运行成本很高。但组织文化理论提倡更扁平化的组织结构，尽管这些扁平的组织仍处在高层管理者的控制之下，但组织能够更灵活地应对全球化带来的激烈竞争。它鼓励缺乏安全感的出类拔萃者超越自我，永不懈怠或放松——就像当初为麦肯锡团队带来灵感的日本工人一样。彼得斯和沃特曼向高层管理者承诺，现在一箭双雕（having one's cake and eating it too）（1982：318）能够成为现实。

彼得斯和沃特曼将组织文化理论对宽严并济的提倡视为该理论的最大优势。然而，对于批评者来说，这恰恰是该理论最大的缺陷。怀特认为，随着组织文化理论的推广，团队合作变得越来越普遍，对扼杀员工个性的担忧也在加剧。如果组织只想雇用那些活在组织拥护的信仰和价值观之中的人，那么怀疑论者和无信仰者又将去往何方？

1993 年，休·威尔莫特（Hugh Willmott）曾就这个问题撰写论文，此文后来成为文化批判视角的经典之作。和怀特一样，威尔莫特也是从奥威尔的小说《1984》中获得灵感的。在书中，英格兰社会主义党将"双重思想"（doublethink）的推广作为其大规模宣传运动的一部分，并以此对公众心理进行操纵。所谓双重思想，就是让一个人同时具有两种完全矛盾的信念并且相信它们都是真的。

威尔莫特将双重思想视为组织的一个特征。如果员工认同企业文化，他们将获得更大的自主权，这导致工人们相信自己是自由的，但事实上他们没有自由。威尔莫特将文化管理视为对工人控制的延伸。过去，管理者主要关注员工工作时的行为表现，确保他们认真执行常规的重复性任务，这在科学管理的情境中达到了极致。然而，组织文化理论则试图控制员工的思想、情感和愿望，仅仅为了组织绩效努力工作已经不够了，员工应该相信自己的公司，并尽其所能增进公司的利益。

怀特和威尔莫特对极权组织压制我们个性的担忧在今天仍然适用吗？现在，你不太可能像你的父母一样几十年一直从事某一职业或在一家公司工作，诸如组合式职业（portfolio careers）和零工经济（gig economy）都体现了当下的潮流，工作正变得越来越分散，包括兼职多份工作或身为雇佣工、合同工同时又做咨询或其他工作的方式越来越普遍。现在我们还需要担心我们的心和思想被组织俘获和控制吗？

可以说，对临时工的赞扬恰恰是一种模棱两可的说法。一方面，零工经济似乎是积极的，它解放了个体，激发了创造性（临时工的隐喻让工人听起来像一个很酷的艺术家）。但另一方面，临时工缺乏基本的工作保障，他们没有实力去反对组织的工作模式，也没有力量维护自己的权利。因此我们认为，通过回顾过去，了解怀特以及离我们时代较近的威尔莫特的理论来自何处是十分有价值的。

结　论

本章探讨了管理学理论发展中涉及的三个核心领域：人格、群体动力和文化。以下四个批判性见解总结了我们探索管理学理论在这些领域中的历史发展和呈现形式时得到的要点。

批判性见解

9. MBTI人格测试对管理者和员工都很有吸引力，但没有科学的可信度。

许多公司在招聘员工时会对应聘者进行人格测试，因为

他们相信，特定的职位与特定的人格类型相匹配，通过测试
能够挑选出更出色、更令人满意的员工。MBTI 人格测试是
一种流行的测试方法，它暗含了这样一种假设：我们天生就
属于某种特殊的人格类型。该研究旨在揭示我们的真实面
目，但事实上它缺乏一定的科学依据。MBTI 人格测试为我
们提供了很好的案例，它说明了具有商业潜力的理论是如何
取代其他更科学可信的理论的。

10. 自我理论展示了组织如何对员工进行分类和控制。

另外一种观点从身份的角度理解自我，它认为身份是通
过我们与他人的互动而构建和发展起来的，它会随我们一生
不断变化，并且永远不会固定成型。很多人将绩效作为构成
身份的重要因素，而绩效由一系列不断延伸的指标来衡量。
缺乏安全感的出类拔萃者总是受到组织的欢迎，因为他们易
于受到对自身不足的意识的驱使而努力地想要成功。

**11. 管理学教科书赞美团队合作，但忘记了早先对于个
性、创造力和批判性思维的丧失的担忧。**

20 世纪 50 年代，当群体动力作为一个主题在管理研究
领域开始流行时，怀特强调了群体思维现象，即个人屈服于
群体价值观，而与群体价值观相左的观点和想法是不受欢迎
的。但随着管理学教科书将贾尼斯视作群体思维理论的创始
人，怀特的批评逐渐被人们遗忘。尽管贾尼斯的理论显得狭

隘和肤浅，但它更符合管理主义视角，也更易为管理者所
掌握。

**12. 文化管理中隐含的对员工控制的加强，同过去关于
从众行为的讨论密切相关。**

由于共享的价值观为控制员工提供了有效的手段，组织
文化理论对企业来说非常有吸引力。在组织文化的掩护下，
企业能在减少官僚主义作风、将某些工作交给员工并贴上授
权标签的同时，保持甚至加强对员工的控制。随着团队的兴
起，过分强调服从的风险也随之增加。

第 5 章

英雄式领导
和对变革的颂扬

我们生活在一个沉迷于领袖风采的世界。在政治上，相比政党及其政策，选民似乎对领导者更感兴趣，选举的成败往往取决于领导者形象受欢迎的程度。在商界，首席执行官埃隆·马斯克（Elon Musk）（特斯拉）、杰夫·贝佐斯（Jeff Bezos）（亚马逊）和马克·扎克伯格（Mark Zuckerberg）（脸书）都是备受瞩目的名人。虽然你可能将经营公司视作一项由理性、深思熟虑和严肃的人才能完成的任务，但我们总是用宗教的口吻来谈论商业领袖。他们拥有怎样的愿景？他们代表了怎样的价值观？他们能够激励追随者，并带领他们获得更高利润吗？

在讲授有关领导力的课程时，我们通常以询问学生关于领导和管理之间的区别来开始课程。学生通常会回答：领导者就是要有远见、有魅力、能够鼓舞人心、有勇气、自信和信念坚定。换言之，领导是崇高而伟大的。而管理就没有那么宏大了，它主要涉及遵从、流程、下达命令和正式权威。我们怀疑，如果随机询问路人，他们也会给出类似的答案。

管理学教科书确认并延续了这种看法。舍默霍恩等（Schermerhorn et al.，2020：465）对变革领导（change leadership）与现状管理（status quo management）进行了区分。他们从积极的角度来诠释领导者的形象——领导者自信、善于抓住机会并尽力达成所想。他们对管理者的描述却是负面的——管理者不愿意冒险、被不确定性困扰并等待事情发生。因此学生学到的是：领导者是发挥创造力和推动创新的人（这通常被认为是好的），而管理者却妨碍了这些事情的推进。同样值得注意的是，领导力总是与变革相联系，领导者是充满活力的人，他们拥抱变化，相比之下，管理者却不能也不会选择改变。

这种二元对立观点的产生可以追溯到 1977 年，亚伯拉罕·扎莱兹尼克（Abraham Zaleznik）在《哈佛商业评论》（*Harvard Business Review*）上发表了一篇文章：《管理者和领导者：他们不同吗?》（Managers and leaders：Are they different?）。与这本广受欢迎的商业刊物中的其他文章一样，这篇文章提出的观点是基于作者对商业的观察而非任何系统的研究。扎莱兹尼克认为，无论从思维方式还是行为方式来看，管理者和领导者都是截然不同的人。领导者为组织带来灵感、愿景和激情，推动组织走向成功；而管理者关注流程和稳定性，可能阻碍组织的发展。

在探讨完有关领导和管理区别的话题后，我们通常会用另一个问题来结束有关领导力的课程：你更想成为谁？一个领导者还是管理者？结果毫不意外，没有人想成为管理者，学生都想成为领导者。这是管理学作为一个研究领域的一个奇怪的特点，甚至已经发展到了一种自我贬损的地步，连以它的名字命名的职业都要被贬损。"来管理学院学习吧！但不管你做什么，千万不要做管理者！"你可能很难想象，医学院会告诉学生"不要当医生！"管理学已经将衣钵交给了一个新的不断壮大的学术领域：领导力（Jackson and Parry，2018）。

在本章中，我们将探讨那些对领导者和管理者所做的简单描述是如何逐渐被认定为事实的，并论证这些错误的概念可能带来怎样的危害。我们将一步步探索领导力理论的发展如何形成一个完整的循环，过去被拒绝的一些理论随后又浮出水面并重新成为主导思想。我们需要注意的是，拒绝这些理论的理由在当时十分充分，在当下也仍然重要。学习领导力理论的这段历史不仅能够更好地帮助我们批判性地思考当今的领导力研究状况，也能比较这些概念间可能存在的差异。从不同的角度对领导力的含义进行诠释有助于构建更公平、更公正和更好的组织。

天生的领导者

通常来说，管理学教科书会以这样一种观点开始有关领导理论的章节，即领导者生来就具备一系列由基因决定的特征或特质（trait）——这些特质在我们与学生讨论的关于管理与领导的区别中有所体现。正如斯科特·泰勒（Scott Taylor，2015）指出的，将描绘这些特质的早期作者称为理论家似乎有点牵强，因为他们写的实际上只是传记。传记作者这种伟人式的写作（作品通常是由一个人记述另一个人）通常将重点放在那些被广泛认为是重要领导者的人身上，他们分析这些人的生活经历和行为模式，然后将他们的成功归因于特定的人格特质。

20世纪，心理学领域进一步发展了这种关注特质的研究路径。这对于那些对管理有兴趣的人很有吸引力。因为这意味着组织能够识别具备这些特质的人，只要将他们置于领导者的位置，他们就能事业有成。斯托格蒂尔（Stogdill，1948）对关于特质的研究进行了总结，他发现智力、独创性、主动性和持久性等因素都与领导力有关。然而，斯托格蒂尔也强调了特质理论的一个问题——只关注对领导者的理解，而不关注追随者。你可能听说过这样一句话："只有在有人追随你的时候，你才是领导者。"如果领导力是指领导者和追随者之间的某种关系，那么了解追随者可能同样是有意义的！

斯托格蒂尔对特质理论提出的另一个问题是，它没有注意到领导者所处的情境或工作环境。如果我们回顾历史，会看到许多有关领导者的例子，他们在一种情境下被认为是成功的，在另一种情境下却不是。例如，美国总统乔治·布什（George W. Bush）在盖洛普民意调查中同时保持着总统支持率最高和最低的纪录。盖洛普民意调查对美国公众舆论进行了超过 80 年的调查。2001 年"9·11"恐怖袭击发生后，布什的支持率飙升至 90%，当时他向民众承诺将采取有力的报复性措施（Schubert et al.，2002）。布什倾向于以非黑即白的方式看待问题，这是一种适合当时情境的思维方式。然而，当眼下的震惊和危机感消失后，外交政策的焦点转向了复杂的权衡，这时布什的思维方式就不那么有效了。批评人士开始质疑他是否具备做出正确判断的才智，此时他在盖洛普民意调查中的支持率跌至 25%。

畅销教科书中经常会出现上述两种对特质理论的批评，但往往忽视了第三种批评。这一批评可以用 20 世纪最臭名昭著的领导人阿道夫·希特勒（Adolf Hitler）来做例子进行说明。如果回顾一下我们所列举的领导者特质，可以说，希特勒满足了所有选项——从他让德国再次强大的愿景到他的自信和信念。观看希特勒的演讲，我们很难证明他不是一个令人信服的、果断的和有魅力的人：一个极具独裁色彩的领导者。

希特勒的崛起揭示了特质理论的局限性。天生的领导者既可能是善良的，也可能是邪恶的，因此人们应该认真考虑让有魅力的愿景家掌握权力是否明智。

领导者是如何被塑造的？

希特勒和其他独裁者，如意大利的贝尼托·墨索里尼（Benito Mussolini），引发了人们的思考，促使领导力理论朝着一个新的方向发展。成功的领导者被认为是塑造的（即通过训练或教育），而不是天生的。这种领导力理论旨在识别有效的领导行为。其理论前提是，任何人不论先天特质如何，都可以通过训练成为领导者。

最著名的行为研究实验是在 20 世纪 30 年代末由艾奥瓦大学（University of Iowa）儿童心理学教授库尔特·勒温、他的研究生罗纳德·利皮特（Ronald Lippitt）和研究员拉尔夫·怀特（Ralph White）共同进行的。勒温出生在波兰的一个犹太家庭，15 岁时移居德国。当 1933 年希特勒上台后，勒温逃离德国，移民美国，他先任职于艾奥瓦大学，然后在麻省理工学院工作。管理学教科书通常提到，勒温和他的助手测试了民主型（democratic）、专制型（autocratic）和自由放任型（laissez-faire）领导风格中哪一种最有效。民主型领导者倾向于让员工参与决策，专制型领导者则不会，自由放任型领导者通常会给予员工完全的自由。

事实上，最初的实验只是想在一群俱乐部少年中衡量一下民主型领导与专制型领导的有效性。正如迈克尔·比利格（Michael Billig）指出的，勒温的理论构架是由他个人的经历决定的。毫不奇怪的是，勒温希望实验结果能够证明民主型领导比专制型领导更有效。然而，民主模式下的那组少年却陷入了无政府状态。民主带来的负面结果不是他们所期望的，因此勒温创造了第三类领导风格——自由放任型领导。"这样，勒温在措辞上保护了民主的概念，将坏结果归因于某种非民主型的领导风格。"（Billig，2014：450）

无论如何，勒温无法就什么样的领导风格最有效得出明确的结论。正如我们在特质理论中看到的，领导风格是否有效取决于情境。民主型领导通常会产生更高水平的绩效，但也并非总是如此。在某些情境下，专制型领导更有效。例如在危急时刻，当人们寻求强领导力，并且几乎没有时间做决定时，让某人掌握控制权并承诺采取某种行动方案是很受欢迎的。

接下来的一组理论试图明确在不同情境下什么样的领导行为是有效的——它们被称为领导权变理论（contingency theories of leadership）。

弗雷德·菲德勒（Fred Fiedler）的权变模型创建于 20 世纪 60 年代，它首先以一份调查问卷的形式呈现，用来确定领导者是以关系为导向（有兴趣保持良好的个人关系）还是以任务为中心（兴趣点是完成工作）。接下来模型根据以下三点衡量当时的情境：领导者和追随者之间的关系强度、任务的结构和领导者拥有的正式权力。一旦这项分析完成，菲德勒声称该模型就有可能确定哪种领导风格最适合哪种情境。他的理论称，如果不可能变更领导者，那么更有可能改变情境，以使其更适合现任领导者（Fiedler，1967）。

虽然像菲尔德（Fielder）[①] 权变模型这样的理论仍然是当今教科书的一大特色，但我们怀疑它们并非像过去那样受到管理学家的重视。它们似乎已经过时，取而代之的是那些研究能够取得非凡成果的特殊人才的理论。

向英雄式领导回归

变革型领导（transformational leadership）理论可能是当今最著名、最具影响力的领导力理论，它出自政治学家詹姆斯·麦格雷戈·伯恩斯（James MacGregor Burns）的《领袖》

---

① 此处应该是原文作者的笔误，应指上文的菲德勒（Fiedler）。——译者

(*Leadership*)（1978）一书。伯恩斯区分了交易型（transactional）领导和变革型（transformational）领导。一般来说，在交易型领导中，"领导者与追随者总是着眼于用一件事交换另一件事：用职位换取选票，或用补贴换取竞选捐款"（1978：4）。相比之下，"变革型领导者会发掘下属的潜在动机，努力满足他们更多的需求并让追随者充分参与其中"（1978：4）。伯恩斯认为，至关重要的是，追随者必须了解其他领导者的情况，并且能够依据意愿选择想要追随的领导者；而领导者则要兑现他们的承诺。我们稍后再讨论这一见解的意义。

伯恩斯的书与扎莱兹尼克讨论领导者和管理者之间差异的文章几乎同时面世。有些学者和扎莱兹尼克一样，认为行为方法已经走到了尽头，需要一种新的领导力理论来推进研究。变革型领导理论非常符合研究者的需要，吸引了美国顶尖商学院的许多学者。伯纳德·巴斯和罗纳德·里吉奥（Bernard Bass and Ronald Riggio，2006）描述了变革型领导者如何能够清晰地表述领导和员工所共有的高阶目标。通过对目标进行调整，领导者激励和启迪了员工，从而提高了组织绩效和员工满意度，并实现了对组织的承诺。这导致了一个极具吸引力的双赢局面，组织及其领导者与员工都受益。

变革型领导理论对于希望吸引更多学生的商学院来说也是一个适销对路的产品。哈佛商学院为全球各地的企业高管开设了价格高昂的系列课程——关于课程的宣传令人难以抗拒：获得世界最好的大学之一所颁发的资格证书，成为一名英雄式的、变革型的领导者。

畅销的管理学教科书中有一个反复出现的主题，即管理者和员工正朝着共同的目标努力。然而，这只是关于员工与组织间关系的一种观点。20 世纪 60 年代，艾伦·福克斯（Alan Fox）的参照系理论（frames of reference theory）为该观点的发展做出了重要贡献。与道格拉斯·麦格雷戈（1960）一样，福克斯从这样的观点出发，即虽然管理通常被视为一种实践活动（而非某种理论上的东西），但它总是基于一系列的假设。麦格雷戈感兴趣的是管理者对员工的假设（X 理论或 Y 理论），福克斯感兴趣的是管理者对雇佣关系性质的假设。

福克斯的一元论（unitarist）框架或范式假设企业的所有者、管理者和员工在组织的生存和发展中有着共同的利益。既然有着共同的利益，那么组织内部的关系就应该是合作的、和谐的。因此，一旦发生冲突，组织就会被归因为功能失调（dysfunctional）——要么是外部团体（如工会）对雇佣关系进行了不必要的干预，要么是不称职的领导者没有沟通好共同目标。一元论还假定管理是合法权利的唯一来源，同时也代表着对组织最有利的安排。我们可以看到，在参照系理论和变革型领导理论间存在这样一种共性，那就是它们都赞同由领导者阐明共同目标，并激励员工去追求这些目标，从而提高组织绩效。

福克斯（1966）发现，管理学研究领域由一元论框架主导，但这与他看到的组织现实并不相符。他认为，如果从更为现实的角度出发，组织应该被视为一个由不同群体组成的多元社会，这些群体既有共同的利益，也有各自的利益和目标。例如，加入工会的员工既会对他们的工会忠诚，也会对组织忠诚。有时候这些忠诚之间可能会发生冲突，例如在薪酬谈判中，提高员工薪酬可能会降低组织的利润，反之亦然。

因此，多元主义者（pluralist）并没有将冲突视为组织功能失调，而是视为不可避免的正常现象，这些冲突最终通过组织让员工及工会参与决策制定而得以化解。福克斯认为，对管理学的学生来说，理解一元论和多元主义框架是至关重要的。如果组织内部存在不同的利益，管理者却基于共同的目标进行管理，那么"团队神话可能不仅不可信，而且是绝对有害的"（Fox，1966：374）。然而，在福克斯表示对管理学教育为一元论假设所主导感到担忧过去 50 多年后，这种情况似乎并没有发生什么变化——事实上，一元论观点反而更加根深蒂固了。正如我们在下一节所探讨的那样，这种根深蒂固的观点可能导致一些负面的结果。

变革型领导理论的局限性

在管理实践中，领导者和下属齐心协力并最终实现共同目标听起来或许很棒，但是伯恩斯的变革型领导的概念是在政治领域中提出的，而商业世界与政治领域之间存在着重大区别。在商业世界里，员工通常不能投票来选举他们的领导者，即使领导者违背了承诺，他们也不能通过投票来罢免他们。对于伯恩斯来说，投票是用来约束变革型领导者的一个重要机制。当该理论被急切地引入管理学领域时，这个机制却被遗忘了。

组织理论家丹尼斯·图里什（Dennis Tourish，2013）对变革型领导理论表示担忧，他指出，变革型领导理论与邪教（cults）有共同之处。邪教通常有一个富有魅力的领袖和一个引人入胜的愿景。追随者因服从而得到奖励，因持不同意见而受到惩罚。追随者被鼓励应该相信领袖心中装着大家的利益，发扬共同的文化被认为是组织取得成功的必要条件，这些都使得人们提出异议或批评意见的可能性越来越小。

如果我们承认变革型领导存在某些危险，那么还有可替代方案吗？图里什希望我们认真思考伯恩斯的多元主义交易型领导理念——领导者应该认识到追随者可能存在不同的利益和目标并因此采取一些互谅互让的策略。

另一种可能的方案是，我们应该考虑在组织中加入更多的民主程序。记住，伯恩斯认为，追随者具有选举领导者的权利是防止变革型领导失控的必要保障。如果员工有权选择谁领导他们，并有权替换他们，情形会怎样？

工业民主（industrial democracy）被定义为让员工在公司经营方式上拥有发言权的雇员代表制，但相关内容在最畅销的美国管理学教科书中并不多见。史密斯等（Smith et al.，2019）指出，美国资本主义有一个显著的特征，那就是它几乎没有像欧洲企业那样普遍采用工业民主。例如，在许多德国公司，员工在公司董事会中的代表权是强制性的。这在如今的美国十分罕见，但有趣的是，1910—1930 年，许多美国公司根据对其他国家情况的观察，尝试采用雇员代表制，设立了诸如工作委员会和车间委员会。这种做法被认为是有利于组织的，它通过确保管理层考虑员工的利益和观点，缓解了员工和管理层之间的紧张关系。同时，员工还有机会就公司如何运营提出建议，这有利于提高企业的生产效率。然而，从20 世纪 30 年代开始，工业民主在美国逐渐"失宠"了。

正如我们之前提到的，大多数管理学教科书都倾向于采纳一元论的观点。一元论者可能会说，员工在企业中通常没有所有权，这就导致他们无法投票选择对企业最有利的方案。如果获得投票权，员工可能会投票选举那些给他们加薪或对他们宽容的领导者。我们并不认为在组织中采用更民主的结构是一个简单的或是完美的解决方案，但我们的确认为，变革型领导可能存在某些危险，这个问题值得人们认真考虑，特别是在当下这样一个英雄式领导观念占据主导地位的时代。

现在，让我们来看看近年来流行的变革型领导理论发生了哪些新的变化。

真实型领导

心理学家亚当·格兰特（2016）认为，我们生活在一个"真实的时代（Age of Authenticity），'做自己'是这个时代对所有人的生活、爱情和事业给出的明确建议"。和变革型领导理论一样，真实型领导（authentic leadership）理论提倡建立一个良性的循环，它从伟大的领导者开始，激励追随者为组织创造非凡成就，最终帮助企业获得更高的利润。不同于变革型领导理论，真实型领导理论认为激励的火花来自领导者的真实（authenticity），而不是魅力。真实型领导者通过自我认知和正直行事，成为追随者学习的榜样（Avolio and

Gardner，2005）。

如果你关注政治，你会发现有大量证据表明真实型领导者是很受欢迎的。我们经常看到候选人试图将自己定位为真实的人而不是一位政客（试图掩盖一个显而易见的事实：他们正在竞争政治职位！）。在我们的印象中，真实的人应该是诚实、真诚、正直的，而政客就像舞台剧中的演员——坚持政治正确只是为了获得选票，事实上他们并不相信自己所说的话。与之前我们提到的管理学研究中存在的自我贬损现象一样，它极力推动着领导力的发展，认为领导者优于管理者。政客同样贬损政治——按照真实型领导理论来说——恰好说明了政客是坏人。真正的人（例如，非政治家）更真实，因此是更好的人。但就像欧文·戈夫曼（Erving Goffman，1959）所说的那样，这些人戴上面具后，你可以说扮作真实的人的政客才是最虚伪的。关于这一点，后面会详述。

心理学家斯科特·考夫曼（Scott Kaufman，2019）指出，从科学的角度来看，关于真实性的研究一团糟。第一个问题是关于什么是真实性尚未达成共识。无论你信仰什么，当你的行为与你的信仰保持一致时，你就是真实的吗？如果说特朗普相信说谎话的价值，那当他说谎时，他就是个真实的人吗？与变革型领导一样，真实型领导理论的倡导者只希望将该理论与道德高尚的领导者联系在一起（Avolio and

Gardner，2005：321）。这有点投机取巧，因为这种想法似乎让他们能够与那些道德品质低下的领导者保持距离。但是，如果真实性与"做自己"有关，那么道德品质低下的人（无论怎样下定义）在采取相应行动时难道不是真实的吗？

有关真实性概念的第二个问题与我们在第 3 章中对自我的讨论有关。所谓的"做自己"其实是基于一种假设，即我们都是独特的个体，自我不是通过与他人之间的关系而形成的社会建构。

第三个问题是我们如何衡量真实性？真实性一直是以自我评估（self-report）的方式来衡量的，比如问卷调查。然而，仅仅因为有人告诉你他们是真实的，他们就是真实的吗？我们如何知道确实如此呢？对于科学地构建理论来说，自我评估似乎是一种糟糕的方法，但我们也没有其他更好的方式来衡量真实性。

即使我们可以衡量真实性，我们真的希望领导者是真实的吗？杰弗里·普费弗（Jeffrey Pfeffer）明确地回答"不"，他认为"保持真实性与领导者必须做的事情几乎完全相反"（2015：87）。普费弗认为，领导者必须忠实于追随者对他们的需求，而不是忠于自己。因此，如果追随者需要某种承诺，那么领导者应该做出这种承诺并表现出信心，即使这意味着必须隐藏领导者的疑虑。

亚当·格兰特（2016）强调，研究表明，在工作中保持真实并不会带来回报。我们中的一些人被心理学家称为"高自我监控者"（high self-monitor）——这些人洞悉社会情境，并且努力融入其中，避免冒犯任何人。简言之，自我监控能力强的人并不那么真实，因为他们善于调整自己在别人面前的表现。另外，自我监控能力差的人似乎更真实，因为他们不太关心别人对自己的看法。研究表明，自我监控能力强的人往往会得到更高的绩效评估，更有可能被提拔到领导岗位。换句话说，自我监控能力差的人为保持真实性付出了很大的代价。

性别是考察真实性的一个有趣维度。女性更有可能是低自我监控者。格兰特说，也许是由于社会压力，她们想要将自己的感受倾诉出来。对于那些处于领导地位的人来说，分享自己的感受和不安全感可能被视为软弱的表现，这导致一些人对女性的领导能力给出负面的评价。本章稍后介绍有关领导力的性别理论时会提及这一观点。下面探讨领导力与变革之间的关系。

领导变革

虽然对领导力的研究已经持续了一个世纪，但变革管理在过去 40 年才作为管理学的一个主要分支领域出现。它是现在最热门的话题之一，越来越多的大学专业和课程都开始讲授相关知识。正如我们所看到的，变革和领导力是密切相关的——有一个广受推崇（并被视为常识）的观点是，领导者是创造变革的人。

在大多数的管理学教科书中，变革管理的基础理论可以追溯到勒温。由勒温提出的场论（force-field theory）和变革三阶段理论（change as three steps theory）所带来的影响一直持续到今天。勒温的场论认为，组织存在于一种静态（也称为平衡）的状态中，这种状态由两种对立的力量维持。驱动力（driving force）可以是来自组织外部的因素，例如政治、经济、社会和技术环境的变化等，也可以是来自内部的因素，例如组织战略的变化。至于限制力（restraining force），人们总是从抵制变革的人的角度来考虑（稍后我们会有更多的讨论）。场论告诉我们，要在组织中创造变革，领导者可以增加驱动力，减少限制力，或者两者并举。

勒温的第二个理论通常被称为变革三阶段理论（见图 5-1），它的提出建立在场论之上。管理学教科书指出，由于组织通常会进入一种平衡状态，因此在实施变革之前，领导者需要将组织"解冻"（unfreeze）。一旦领导者成功地让大家意识到变革势在必行，接下来就可以进入实施阶段了。为了使这些变化成为又一轮的日常业务，组织需要被

"再冻结"（refreeze），这同样要在领导者的监督下进行。

图 5 - 1　勒温的变革三阶段理论

勒温的理论事实上对领导者和追随者以及变革的性质做出了一系列假设，尤其是强化了领导者的英雄形象：他们技能高超、有影响力，可以根据自己的意愿改变组织。这种理论与将组织视为由外部环境的变化所塑造的理论形成鲜明对比，后者认为，外部环境的变化往往超出领导者的控制范围。勒温理论中的变革领导者是积极主动且强大的。同时，该理论也假设了变革是必要的，并且符合组织的最佳利益。但这也意味着较低级别的员工或许看不到变革的必要性，并有可能抵制变革。

勒温的两个基本理论：场论和变革三阶段理论为众多有影响力的变革模型提供了参考，其中最著名的是约翰·科特（John Kotter）的组织变革八步模型（Kotter's eight-step model）[1]：

（1）营造紧迫感。

（2）组建领导团队。

---

[1]　此处翻译参考约翰·科特. 领导变革. 徐中，译. 北京：机械工业出版社，2014。——译者

（3）创建愿景战略。

（4）沟通变革愿景。

（5）授权他人共同实现愿景。

（6）计划并赢得短期胜利。

（7）巩固变革成果，促进变革继续深入。

（8）使新方法制度化。

科特的组织变革八步模型被视作一个通用的处方，它适用于任何国家的任何组织和任何行业。这是它具有强大吸引力和备受欢迎的重要原因。科特声称，如果领导者遵循这八个步骤，他就能成功地领导变革。相关文章于1995年发表在《哈佛商业评论》上，由于其持续的影响力，2007年再次刊登。1996年，科特出版了《领导变革》（Leading Change）（2012年再版）一书，该书被《时代》（TIME）杂志（2014年）评为有史以来最具影响力的25本管理书籍之一。

虽然科特的组织变革八步模型没有直接承认勒温的变革三阶段理论，但我们很容易发现二者的相似之处。在科特的模型中，步骤（1）～（4）与解冻有关，步骤（5）和（6）涉及变革，最后两个步骤是再冻结。第（7）步中同样值得注意的是"促进变革继续深入"。一旦变革完成，领导者的任务就是开启另一项变革——它事实上假设了变革不仅是好的，而且越多越好。

但是勒温的变革三阶段理论在管理学教科书中的呈现方式非常奇怪。学生通常学到的是：

- 勒温是一位伟大的科学家，他对管理有着浓厚的兴趣。
- 创立变革三阶段理论，是勒温最伟大的成就之一。
- 勒温的管理变革的简化版方法后来得到了继承和发展。

然而，我们越是研究变革三阶段理论的起源，就越能发现勒温所写的内容和实际的呈现之间存在着强烈反差。

例如，弗伦奇和贝尔（French and Bell）所写的《组织发展》（*Organizational Development*）（1995 年第 5 版：81）一书中指出，勒温的场论和变革三阶段理论自 20 世纪 40 年代以来一直具有强大的影响力。然而，该书的早期版本（1973—1983）中却没有提到变革三阶段理论。如果勒温的理论自 20 世纪 40 年代起就具有影响力，为什么早期版本的教科书中却没有提到？我们研究发现，事实上在 20 世纪 80 年代之前，这一理论根本就没有影响力：它可能只是勒温的一个转瞬即逝的想法。

构成变革三阶段理论的这个想法最早出现在勒温 1947 年发表的《群体动力学前沿》（Frontiers in Group Dynamics）一文中，这是《人际关系》（*Human Relations*）杂志第一期的第一篇文章。文章并没有给出支撑这个想法的实证证据，也没有给出图示说明。而且，与勒温的其他著作不同，这个想法并没有与其他内容很好地结合，而是仅仅被描述为一种"可考虑的计划性的社会变革"（Lewin，1947：36）。这只是一个用来解释有关社会变革的群体动力以及群体决策相对于个人决策的优势的例子（它以抽象的方式呈现）。这个想法几乎是事后诸葛亮，或者至少没有被充分思考。我们搜集了勒温的出版物，包括他以英文撰写或是被译成英文的文稿（文章、书籍）、勒温在艾奥瓦大学和伦敦塔维斯托克学院（Tavistok Institute）的档案，其中塔维斯托克学院是《人际关系》杂志的所在地。除了1947年，也就是他去世的那年发表的文章中的只言片语外，我们找不到有关变革三阶段理论的其他来源。

勒温从来没有像我们在图5-1中看到的那样表示这一理论，他也从未表达过他这一想法是一个模型或理论，可以为变革者使用。他坚持认为群体动力学不应过于简单化。群体从来都不是处于稳定状态，而是处于持续的运动中，尽管存在相对的稳定期或准稳态平衡（quasi-stationary equilibria）（Lewin，1951：199）。

此外，无论教科书向我们灌输什么，我们都要记住，勒温不是一个管理理论家——在艾奥瓦州，他是一位儿童心理

学教授。只不过，他曾在哈伍德制造公司（Harwood Manu
facturing Corporation）参与过一项关于企业变革的重大研
究。这项研究得出的结论是，当深受组织变化影响的人深入
参与设计变革的过程，而不是由组织高层全权决定时，变革
才最为成功。

然而，所谓的变革三阶段理论和科特的改编都是高度以
领导者为中心的（leadercentric）。它们传递了这样一种理念，
即领导者有责任创建愿景，并将其传达到组织的各个层面，
而不是让那些受组织发展变化影响的人参与进来。根据福兑
斯（Fox，1966）的参照系理论，勒温和科特都是一元论者
而不是多元论者。我们认为，如果勒温看到他的思想在今天
的教科书中的呈现方式，一定会感到震惊。

那么，为什么在 20 世纪 80 年代之前还寂寂无闻的变革
三阶段理论，很快成为发展迅速的变革管理领域的基础理论
了呢？

20 世纪 80 年代前后，管理学研究出现了一种新的风潮：
流行管理理论（pop-management theory）开始兴起。这种现
象的出现缘于越来越多的管理者渴望拥有一些有用的知识来
帮助他们获得职位晋升。除此之外，就像我们在第 4 章中所
说的，还有人因美国公司的业绩相对欠佳而感到担忧，这使
得《Z 理论》（*Theory Z*）（Ouchi，1981）、《日本管理的艺术》

（*The Art of Japanese Management*）（Pascale and Athos，1981）和《追求卓越》（*In Search of Excellence*）（Peters and Waterman，1982）等成为畅销书。

那个时期，麦肯锡（McKinsey）和波士顿咨询公司（Boston Consulting Group）等管理咨询公司之间竞争十分激烈，咨询顾问们看到了开发理论并销售给公司客户的商业潜力。管理学学者渴望被视为拥有相关商业知识的人。起初，许多学者对流行管理理论持批评态度，他们认为流行管理学理论的基础是轶事和吸引眼球的口号，而不是严格的学术研究。然而，他们很快意识到，如果忽视流行管理学理论，他们就有可能被现实世界中的管理者认为是无关紧要的，因此他们开始在教科书中纳入这些流行的管理思想。

变革三阶段理论这一案例还包含另一个独特的因素。在变革管理出现之前，最关注组织变革的领域被称为组织发展（organizational development，OD）。到了 20 世纪 80 年代，越来越多对变革感兴趣的学者、咨询顾问、出版商和管理者批评组织发展研究过于注重人文和民主价值观，组织发展理论的实践者通常被视作促进者（facilitator）或流程顾问（process consultant），而不是高层管理者。这种现状变相鼓励了对手（rival theory）理论的出现，即所谓的变革管理（change management）。相比较而言，后者更加注重商业导向和战略方法。

变革管理这一新的管理分支领域需要一段历史来赋予其可信度，而这段历史需要一位创始人。勒温是一个理想的选择：他是 20 世纪最具创新精神的社会科学家之一。他的理论发展基于扎实的实验和长期的经验观察。到了 20 世纪 80 年代末，勒温的变革三阶段理论——看似是常识，但显然经过了学术验证，是领导者的有效工具——成为变革管理的理论基础。它满足了管理学所有的要求，提供了 20 世纪 80 年代管理学教科书所需要的理论内容。

抵制变革

让我们回到勒温场论中的限制力这一概念上。科特提出了颇为流行的组织变革八步模型，他为变革管理领域提供了另一个著名的且被广泛应用的框架，即有关变革阻力的框架。与组织变革八步模型这种通用的方法不同，科特的抵制变革框架模型（resistance to change framework）是一种权变理论，该理论由他与莱纳德·施莱辛格（Leonard Schlesinger）共同创建，并于 1979 年在《哈佛商业评论》上发表。该理论指出，谁在抵制、抵制的原因以及他们削弱变革的力量都是能否成功阻碍变革的关键因素。

科特和施莱辛格的理论概括了人们抵制变革的四种常见原因：

- 有些人可能会因为变革失去一些宝贵的东西（可能是他们的工作）。因为他们关注的往往是对自己最有利的东西，而不是对组织来说最好的东西，所以他们的抵制被认为是一种自私的行为。
- 有些人不明白变革的必要性，或者根本不信任他们的领导者。
- 有些人对变革的价值有不同的评价。
- 有些人对变化的容忍度低，担心自己无法适应变化。

科特和施莱辛格随后列出了一些消除抵制的方法，例如，在人们由于不理解变革的基本原理而产生抵制的情况下，教育和沟通是最好的方法。如果抵制变革的人很强大，变革的领导者就应该让他们参与到变革的设计中，并准备好与他们进行谈判以获得他们的支持。但是，当变革的领导者很强大，且变革必须尽快完成时，科特和施莱辛格给出的建议是，通过威胁抵制者来迫使他们接受改变或者调离、（如有必要）解雇抵制者来迫使其余的人接受改变。

《哈佛商业评论》在 2008 年再次刊登了科特和施莱辛格的文章，这一理论具有持续的影响力，仍然是令管理学学生印象最深刻的框架模型之一。然而，它的可批判之处在于，这个模型关于抵制变革的看法是极度片面的。虽然模型指出，受变革影响的人可能出于自身利益选择抵制（他们会因变革遭受损失），但它同时假设变革的领导者不会受到自身利益的驱使。领导者总是被认为在做他们认为对组织最有利的事情。可我们认为做出这样的假设不仅不明智，甚至还有点天真。难道领导者不可能因为自身利益而提出变革吗？

再想想我们在本章开始所说的人们普遍认为的变革领导和现状管理之间的区别。我们的学生都想成为领导者而不是管理者是因为人们对这些角色所赋予的价值判断。鉴于这种关于领导和管理区别的思维方式在今天如此普遍，我们难道不应该承认这样一种可能性，即高级管理人员可能是因为受到某种激励而制订变革计划，以便借此被视为领导者吗？

值得注意的是，无论勒温还是科特的变革理论（如本文所呈现的那样），其实都缺少一个步骤以确定变革对组织而言是否真的必要/可取（尽管勒温本人在哈伍德制造公司的研究中确实支持变革）。这些理论都没有诊断阶段，只是一个处方。这就像医生给你开了药，却没有事先找出你的病因，也许你一点问题都没有。此外，勒温和科特的变革理论均没有评估变革是否成功或者能否为组织带来利益。回到医生的比喻，这就像医生持续给你开同样的药，却没有检查它是否有助于缓解你的症状。

正如我们已经讨论的，变革理论向我们传递的是，变革是好的，它是由领导者推动的，而且变革越多越好。一旦你完成了一项变革，甚至在完成之前，你就应该着手开启另一项变革。

管理学理论中的这种支持变革偏见（pro-change bias）可能导致两种反应——变革懈怠（change fatigue）和变革犬儒主义（cynicism），这些现象日益受到研究者的关注。埃里克·阿伯拉罕森（Eric Abrahamson, 2004）向一句流行的口号发起了挑战，这一口号宣称，在竞争日益激烈的商业环境中，那些没有持续变革的组织将会消亡。埃里克认为，经历太多、太快变化的组织反而可能出现"变化并消亡"的情况。他提出了一种持续变革综合征（repetitive change syndrome），其特征是过多的变革举措以及变革引发的混乱、愤世嫉俗和倦怠。

变革犬儒主义可理解为员工对变革的领导者失去了信心，也可能是对过去变革做出的反应（Reichers et al., 1997）。这些员工可能已经在组织中工作了很多年，目睹一个个首席执行官带着变革计划来到这里，在很短的时间内又被另一位对组织有着宏伟愿景的领导者所取代。还有一种情况就是员工可能会因为看到变革的领导者过于乐观、充满希望但执行力不足而变得愤世嫉俗。

支持变革偏见被运用于变革管理领域最著名的理论中，尽管我们看到越来越多的研究在质疑支持变革偏见，但我们还没有看到这种多元化的思想反映在畅销的教科书中，这些教科书仍然固守着一元论和管理主义视角。这是一种对组织生活的片面描述，因此是不切实际的，这种描述不利于懵懂的学生为他们的管理生涯做好铺垫。

鉴于此，我们需要一种更具批判性的思考方法，比如对利尔蒙斯和莫雷尔（Learmonth and Morrell，2019）提到的"领导力语言"（language of leadership）保持警惕。例如：

- 当我们认为一种行为具有领导力的时候，我们是如何定义领导力这个概念的？
- 当我们说我们需要强大的领导力时，我们如何定义强大？这个定义说明我们做出或者延续了怎样的假设？

接下来，我们将重点讨论领导力语言，尤其是其中关于性别的部分。

领导力和性别

阿曼达·辛克莱（Amanda Sinclair，2005，2007）之所

以踏上领导力与性别研究这条学术道路，是因为学术界已经有很多关于领导力的文章，但对女性和领导力的研究却相对较少。学术界的讨论仅聚焦在解释为什么在领导者中女性比例较小这一问题上。

辛克莱将这种现象称为"缺席争论"（absence argument），因为它总是试图对女性的缺席问题进行解释。缺席争论包含多种形式：否认这种现象实际上就是一个问题；或者将问题的发生归结到女性这一身份上（例如她们需要学习如何像男性一样领导）；或者认为我们仅仅需要赋予女性一个高级管理者的角色，这样她们就能够成为其他女性的榜样。

辛克莱的理论研究鼓励我们去超越缺席争论来思考领导力究竟意味着什么。我们在前文中论及社会建构主义时曾提到过这一观点。社会建构主义认为，我们为特定概念例如领导力赋予的含义，通常是在特定的社会环境（时间和地点）下，通过人与人之间的互动形成的。然而，这些含义（或建构）却往往被视为自然的或者常识，而不是可以被重新解释和定义的社会发展的结果。

由于历史上大多数领导都由男性担任，辛克莱声称，我们对好领导的定义其实是一种男性化的理解。主流观点都将领导者视为自信的、有竞争力的冒险者——这些特征通常都会和男性联系在一起。这使得强调同理心、支持和关怀的那种更加女性化的领导风格不太可能被视为一种领导力，因为它不符合我们对领导力的定义。

辛克莱将社会建构主义的这种解释称为"隐形论"（invisibility argument）——这并不是说女性领导力不存在，而是女性的领导力没有得到承认。社会建构主义对领导力的定义给女性施加了压力，她们被要求像男性一样行事，以便被视为真正的领导者，这使得女性在工作场所受到的负面影响更为复杂。然而当她们真的这样做时，人们对这些行为的评价又不同了。例如，当一个男人自信时，他很可能被描述为领导者，但当一个女人自信时，她很可能被贴上专横的标签。

从隐形论的角度来看，问题不仅仅在于让更多的女性担任高级职位。英国曾经有两位女首相：玛格丽特·撒切尔（Margaret Thatcher）和特里萨·梅（Theresa May）。但是如果不是她们二人都遵守英国政治中占主导地位的、男性化的领导风格要求，她们就不可能登上权力顶峰。这不是一个只和女性有关的问题，辛克莱论点的含意是，那些表现出女性风格的男性也不太可能被视为领导者。

我们应牢记，不同文化对于什么是好领导有不同的观点。例如，许多地方性的传统倾向于支持群体决策以及领导层，并且来自这些背景的大多数人都表示很难遵循西方的和男性化的模式。

正如社会建构主义所揭示的那样，人们总是对变革的可能性持乐观态度。观念的建构是在社会互动中产生的，这不仅意味着人们对它有着共同的理解，也意味着它可以随着时间的推移而改变。领导力在过去为男性化所主宰，但这并不意味着未来也会如此。雅辛达·阿登（Jacinda Arden）于2017年当选为新西兰总理，展示了一种全新的、开明的与包容的领导风格。

阿登是世界上第二位在任期间生育的政府首脑，女儿由她的丈夫照顾。2019年克赖斯特彻奇市发生恐怖袭击，一名持枪歹徒在两座清真寺杀害了51名穆斯林，阿登的反应赢得了国际赞誉。阿登因为对悲痛的穆斯林展现出极大的同情而备受赞扬，一张她戴着头巾的照片在世界范围内广泛传播。也许这是一个迹象，表明我们对什么是强有力的领导的理解正在发生转变。

最近的一项理论研究强调了异类领导力（queer leadership）的必要性。这项研究声称，那些强调女性领导力的人，比如辛克莱，通常对男性和女性这类性别概念存在着刻板理解。穆尔和沙利文（Muhr and Sullivan，2013：419）指出，"将性别理解为'男人'与'女人'的二元对立与将性和性别混为一谈实际上没有差别，并且这些想法都以异性恋为前提"。女性被期望表现出女性的气质，违反这种规范的人则被认为是不正常的。基于异类领导力理论，穆尔和沙利文试图通过将性别视为一种社会建构来打破这种以异性恋为规范的观点。通过研究跨性别领导者，他们认为，判断领导者的依据应该是领导人自身具有的优点，而不是社会上占主导地位的性别建构。

结　论

在本章中，我们研究了当今管理学领域最热门的两个话题：领导力和变革理论。我们批判了这样一种现象，即领导力研究中存在的对于人格特质的过分关注，也解释了该现象是如何导致对组织变革的美化的。我们相信，这种对领导力和变革理论的批判性探索能够帮助我们开启新的思维方式。

批判性见解

13. 对于领导和管理的简单区分是无益的。

学者和咨询顾问都从将领导和管理进行区分的理论发展

中获益——领导者是改变组织的伟大人物，而管理者通常缺乏技能和勇气，固守现状。然而，这种过于简单的二元对立并没有捕捉到管理组织的复杂性。

14. 集体的领导形式可以克服以个人为基础的领导形式的危险。

以人格特质为基础的领导力理论逐渐"失宠"，其原因有迹可循。有魅力和远见的人可以吸引大批追随者并获得高水平的承诺。然而领导力理论可能只提供了一种假象，只有那些具有"好的"和"道德的"愿景的人才是领导者，但是希特勒等人的例子表明，变革型领导理论有局限性。我们应该警惕把过多的权力放在任何个人的手中，并认识到更加民主的组织管理形式的潜力。

15. 挑战变革管理理论的起源，为稳定和变革提供了一个更加平衡的观点。

变革管理实际上基于一系列狭隘的假设：变革是好的；变革越多越好；创造变革的人关心组织，抵制变革的人自私自利。尽管这些理论通过"改良"勒温的思想获得了合法性，但它们可能造成人们对组织现实的片面的和误导性的认识。建立新的理论基础，并对变革的可取性以及领导者和抵制者的动机采取更平衡的观点，将有助于发现更好的变革动态理论。

16. 对什么是好的领导力的普遍性理论提出质疑，可以激发新的思维。

阿曼达·辛克莱的理论告诉我们，由于过去的领导者大多数都是男性，因此我们往往习惯于用男性的视角来看待领导力。这种社会建构服务于男性的利益并将女性边缘化，女性承受着被要求像男性一样行事的压力，但在这样做时又受到负面评价。异类领导力理论进一步鼓励我们将性别视为一种社会建构，抵制将性与性别混为一谈。领导力有机会同女性气质更加紧密地联系在一起，只是我们不应该把女性气质简化为对女性的刻板期望，也不应该把它简化为对于女性必须履行何种职责的看法。

第 6 章

商业伦理与企业社会
责任的兴起

如果你在 40 年前学习管理学，你使用的教材很可能不会用专门的一章来讨论商业伦理和企业社会责任（CSR）。在 20 世纪 80 年代，一个普遍的观点是商业伦理（business ethics）是一个矛盾的说法——人们在商业上获得成功并不是因为他们有道德，因为商业就是要赚钱，而不是讨论深奥的对与错的问题。

今天，商业伦理和企业社会责任可能是商业领域最值得讨论的话题。不论是为减少碳足迹而采取的行动，还是力图完善供应链的道德实践，组织希望自己认真履行社会责任的努力受到关注。

商业伦理和企业社会责任已经成为主流并成为管理学教科书中的核心话题。萨姆森等（Samson et al.，2018：186）把商业伦理定义为"支配管理者行为的道德原则和价值观，关乎什么是正确的和错误的"。企业社会责任被定义为"管理有义务提高社会和企业的福利与利益"（Samson et al.，2018：198）。其中有一个双赢的假设：当管理者负责任地行事时，企业和社会都将受益，这一点我们稍后会再次提到。

管理学教科书对商业伦理和企业社会责任的讨论始于 21

世纪初的一系列公司丑闻。这其中最大的一桩与安然公司
（Enron）有关。1996—2001 年，安然公司连续六年被《财
富》杂志评为"美国最具创新精神的公司"，2001 年，它涉
嫌腐败和会计欺诈。该公司在加利福尼亚州人为制造电力短
缺，以便收取较高的价格。当财务业绩恶化时，它夸大资产
和利润，隐瞒高额债务，不让投资者知道。最终，安然公司
破产，股东们损失了 740 亿美元。毕业于哈佛商学院的公司
首席执行官杰夫·斯基林（Jeff Skilling）被判处 24 年监禁，
而负责公司审计的安达信会计师事务所（Arthur Andersen）
失去了公共会计服务许可证。

2008 年金融危机导致贝尔斯登（Bear Stearns）和雷曼兄
弟（Lehman Brothers）等主要金融服务公司倒闭，这促使人
们对高管的道德状况提出了质疑。虽然危机背后的原因多种多
样，也很复杂，但人们特别关注的是一些资深高管为了在短期
内获得最大利润铤而走险。当全球金融系统陷入崩溃的时候，
政府提供了一揽子救援计划，用纳税人的钱来实施救助。

全球金融危机加剧了自安然公司丑闻以来人们对商学院
毕业生道德缺陷的担忧。商学院被指责是在培养"想成为戈
登·盖克（Gordon Geckos）"的人，戈登是由迈克尔·道格
拉斯（Michael Douglas）在 1987 年奥利弗·斯通（Oliver
Stone）导演的电影《华尔街》（Wall Street）中扮演的角色，

他的口头禅是"贪婪是好的",他是 20 世纪 80 年代华尔街金融从业者鲁莽和道德水平低下的典型代表。库拉纳(Khurana,2007)感叹道,商学院已经放弃了将管理作为具有更高目标的职业的理想,而是倾向于将管理者视为服务于股东利益的打工仔。

商业教育部门的反应是迅速的。旨在为商学院提供质量保证和认证的国际精英商学院协会(Association to Advance Collegiate Schools of Business,AACSB)宣布,商业伦理教育应该是商学院的首要任务。借鉴医疗专业人员的誓言,哈佛大学商学院率先创建了管理者的希波克拉底誓言(Hippocratic Oath):管理者承诺要为公众利益服务。世界各地的商学院纷纷加入进来,改进它们的课程并承诺将更好地培养具有更强道德感的未来的管理者。

令人遗憾的是,尽管人们越来越重视商业伦理,丑闻却不断地出现在头条新闻中。其中最令人震惊的是血液检测公司 Theranos 的首席执行官伊丽莎白·霍尔姆斯(Elizabeth Holmes)的欺骗行为。霍尔姆斯声称,公司已经开发出一种革命性的血液检测技术,只需要使用极少量的血液,而这项创新的灵感来自她对于针头的恐惧。到 2015 年,霍尔姆斯在《福布斯》(Forbes)最富有的白手起家女性名单中名列前茅,她的财富估值为 45 亿美元。

　　然而，后来人们发现该技术无法做到她声称的那样，而且霍尔姆斯涉嫌掩盖事实。她和她的公司被指控有欺诈行为，公司被迫关闭。2019 年 HBO 拍摄的纪录片《发明家：硅谷大放血》（The Inventor：Out for Blood in Silicon Valley）讲述了霍尔姆斯的故事，体现了转型期领导者的黑暗和不道德的一面。霍尔姆斯在其公司创建了一种个人崇拜文化，在这家公司里，相信白日梦的员工会得到奖励，而那些质疑的人则遭到排挤。

　　另一个令人瞠目结舌的事件是大众汽车（VW）的排放丑闻。2015 年，美国环境保护局（US Environmental Protection Agency）发现在美国销售的许多大众汽车上安装了一个作弊神器，当车辆在接受有害气体排放测试时，这个软件能使汽车排放的气体水平比在路上驾驶时低得多。许多大众车主具有环保意识，他们购买大众车就是因为其所谓的低排放，因此，他们对此感到非常愤怒。

　　在多次否认存在作弊神器之后，大众汽车终于坦白了。该公司被处以 28 亿美元的罚款，1 000 万辆汽车被召回，首席执行官马丁·温特科恩（Martin Winterkorn）辞职。丑闻中最令人不安的一面被记录在网飞（Netflix）于 2018 年制作的系列纪录片《黑钱：不义之财》（Dirty Money：Hard Nox）中，该片称，德国政府知道车上安装了作弊神器，但考虑到汽车行业对国家经济的重要性，选择视而不见。

卡罗尔：企业社会责任金字塔

商业伦理主题中最为知名的理论可能是阿奇·卡罗尔（Archie Carroll）的企业社会责任金字塔，如图 6 - 1 所示。与马斯洛的需求金字塔一样，我们认为金字塔符号对卡罗尔框架的持久流行有很大的贡献。与马斯洛不同的是，卡罗尔的确创建了以他的名字命名的金字塔。

图 6 - 1　卡罗尔的企业社会责任金字塔

资料来源：Carroll, 1991：42.

　　该金字塔由四个层次的责任组成。

　　金字塔的基础是经济（economic）责任，经济责任通常理解为追求利润最大化的责任。要实现可持续发展，企业必须盈利。只有这样，企业才能够继续为员工提供就业机会，为客户提供他们需要的商品和服务，并能够履行金字塔中更高层次的责任。

　　一个企业必须盈利，但在创造利润的时候必须遵守法律。法律（legal）责任构成了金字塔的第二层。卡罗尔认为法律责任反映了"成文的道德"（codified ethics）——也就是说，反映了社会对于什么是公平和公正的商业行为的期望。法律就像游戏的规则一样——获胜是目的，但是要想获胜，你必须遵守规则。我们稍后将讨论政府在制定这些规则时所扮演的角色以及企业在试图影响规则制定过程时所采取的行动，还会提到这个比喻。

　　更高一级的责任包括那些社会期望但没有被写入法律的责任。道德（ethical）责任可能包括社会运动所倡导的那些不断变化的道德或价值观。比如，组织承诺实现碳中和已经成为一种普遍现象，尽管法律对此没有要求。这可能是因为组织相信这是应对气候变化的正确做法，或者是因为组织受到了来自具有环保意识的顾客的压力。

　　处于金字塔顶端的是慈善（philanthropic）责任，它反映了社会对于组织成为良好的企业公民的期望，可能包括向慈善机构或社区捐钱或花时间参加慈善活动或社区活动。做慈善是可取的，但卡罗尔的理论表明，如果企业不履行慈善责任，也不是不道德的。

卡罗尔的金字塔模型是思考商业伦理的一个有用的理论。我们看到 Theranos 和大众汽车为了追求更高的利润忽视了道德和法律责任。金字塔对教科书作者来说也非常有吸引力，因为它声称提供了一些新的东西。卡罗尔（1991：40）说："可以肯定的是，在某种程度上所有这些责任一直以来就存在，只是在最近几年，伦理和慈善功能才占据了重要的位置。"

这给人一种印象：虽然有些企业如 Theranos 和大众汽车的行为是不道德的，但只是少数，大多数公司还是遵循行业规范的。让学生们感到放心的是，商业界在历史上第一次认真对待企业社会责任。学生们可以相信，对企业社会责任的日益重视令企业比之前更有道德。因此，无须惊慌。

在本章中，我们对这种看法提出了挑战。我们探讨了一些流行的道德理论，虽然这些理论倡导一种道德管理的理想，但它们存在盲点，忽略了道德的重要方面。比如说，组织中的权力关系和政府在规范组织行为方面的作用。从历史的角度看，关于企业高管的道德和企业社会责任的争论与企业本身一样古老。我们强调这些争论具有重大意义的一些时期，并认为更好地了解过去让我们有机会在今天以不同的方式来思考。然而，首先让我们把注意力转到另一位著名的企业社会责任理论家米尔顿·弗里德曼（Milton Friedman）身上。

弗里德曼与弗里曼之争

米尔顿·弗里德曼是芝加哥经济学派的智识领袖，该学派对凯恩斯主义经济学提出了挑战，凯恩斯主义认为政府需要在经济中发挥积极的作用，而弗里德曼则是自由市场经济体系的坚定拥护者，主张将政府干预降到最低。弗里德曼是美国总统罗纳德·里根（Ronald Reagan）和英国首相玛格丽特·撒切尔在 20 世纪 80 年代的顾问。弗里德曼 1962 年出版的《资本主义与自由》（*Capitalism and Freedom*）是一本畅销书，但就企业社会责任方面而言，人们对他印象最深刻的是 1970 年他发表在《纽约时报》（*The New York Times*）上的一篇文章，以及他著名的论断："企业的社会责任就是增加利润。"

弗里德曼认为，企业高管是由企业主雇用的，因此有责任"在遵守社会的基本规则，包括法律和道德习俗的条件下尽可能地赚钱"（Friedman，1970）。弗里德曼所说的道德习俗的含义很模糊，但他明确表示不希望企业从事慈善事业，比如向慈善机构捐款。他的理论是，企业要实现利润最大化，并将利润还给企业所有者。这些企业所有者如果愿意的话，可以选择支持有价值的事业。

在管理学教科书中，弗里德曼的观点经常被描述为"股东的观点"（stockholder view），与爱德华·弗里曼（Edward Freeman）的"利益相关者观点"（stakeholder view）形成对比。1984 年弗里曼出版了《战略管理：利益相关者方法》（*Strategic Management：A Stakeholder Approach*）一书，他认为成功的企业会围绕着那些与企业有利害关系（或利益）的人或事物来制定战略。

- 企业与雇员有利益关系，因为雇员的大部分时间都花在工作上并通过工作获得收入。
- 企业与客户有利益关系，因为客户依赖企业提供的商品或服务。
- 企业与地方社区、政府和环境，当然还有企业主，都有利益关系。

今天的管理学教科书倾向于把弗里曼描述为一个英雄，而把弗里德曼描述为一个恶棍。书中告诉我们，弗里德曼没能意识到社会对企业的期望不仅仅是在法律范围内实现利润最大化。与之相反，弗里曼意识到高管应当平衡所有利益相关者的利益，而不是一味地追求狭隘的经济利益。卡罗尔声称道德和慈善责任都是新事物，提供了历史性的叙事，正如我们在本书中看到的那样，教科书的作者都很喜欢这个故事。这个故事说的是管理领域逐步成熟且提倡更开明的管理方式。

这对那些有志于从事管理职业的人来说是一件令人欣慰的事。但是，把"新与旧""善与恶"作为弗里曼与弗里德曼之争的框架是有很大误导性的。教科书把弗里德曼定位为"坏人"，但他所倡导的自由市场意识形态却继续受到商学院的支持。那么，为什么弗里德曼被管理学教材贴上了"坏人"的标签呢？因为他提供了一种理论，证明了企业社会责任的发展是最先进的商业伦理理论[①]。

根据爱德华·雷-布利斯（Edward Wray-Bliss，2017）的说法，商业伦理和企业社会责任在资本主义的情境下变得流行并非巧合。政府对经济的干预是低效的，基本上没什么必要。在自由市场思维中，政府应该将责任移交给商业领袖，鼓励他们自我监管或自愿监管。回到前面所说的"游戏规

---

① 作者这里的意思应该是，弗里德曼"坏人"标签的塑造和对他理论的某种解读，是有利于构建企业社会责任理论发展的叙事模式的。——译者

则"的比喻,这就像裁判允许运动员自己制定游戏规则,鼓励他们遵守这些规则,但不会强迫他们遵守规则。

放松管制在商业界受到欢迎,是因为它使政府官僚主义的繁文缛节减少。作为回报,企业领导者向社会保证,社会对他们的信任是值得的。这似乎是一个双赢的局面,企业的运作基本上不受政府的干预,而且由于不需要那么多人去制定和执行法规,纳税人的成本也降低了,社会则从企业的社会责任感中获益,正如卡罗尔金字塔所描述的那样。

因此,我们有充分的理由质疑教科书把弗里德曼的理论描述为过时的和不相关的。我们认为弗里德曼的理论仍旧与管理领域高度相关,因为它为商业伦理和企业社会责任的发展提供了理性的辩解——这是同一链条上的重要一环。

我们也可以质疑管理学教科书中把弗里德曼和弗里曼的理论描述成互相对立的——股东视角和利益相关者视角。我们认为它们的相似之处多于不同之处。畅销教科书给人留下的印象是,弗里曼发展利益相关者理论是为了与弗里德曼的股东理论较量。但正如沃尔什(Walsh,2005)指出的,弗里曼的《战略管理:利益相关者方法》一书是关于商业战略的,而非关于企业社会责任的——只是后来书中的思想被作为一种伦理理论提了出来。

弗里曼认为,20 世纪 80 年代日益复杂的商业环境和全球化意味着管理者需要密切关注他们的外部环境，以便应对受组织行为影响的所有因素。换句话说，弗里曼关注的主要是如何赚钱，而不是如何成为一个好的企业公民。弗里曼在后来的一本书中公开承认（Freeman et al.，2010：12）："我和弗里德曼都同意，商业和资本主义都不涉及社会责任。我们认为，利益相关者理论是关于商业和价值创造的，而且，正如我们所说，它采用的是管理主义视角。"

和弗里德曼一样，弗里曼采用了管理主义视角，认为组织的首要目的就是实现利润最大化。对弗里曼来说，要做到这一点，最好的办法是拥有"顾客需要的优秀产品和服务，与供应商保持稳固的合作关系，使公司的运营处于前沿水平，有创造力的员工牢记公司的使命并推动公司变得更好，社区支持企业蓬勃发展"（Freeman et al.，2010：11）。弗里曼和弗里德曼都是一元主义者（unitarist）[①]，他们认为企业高管有权力决定如何更好地管理企业，他们都相信小政府——政府应该将责任交给企业，可以信任企业会负责任地行事。

弗里曼和弗里德曼实际上有什么分歧吗？弗里曼相信，如果弗里德曼今天还活着，他一定会信奉利益相关者理论，

---

① 管理中的一元主义可以理解为仅以组织为导向，而多元主义指的是平衡各个利益相关者。——译者

因为现在人们普遍认为，为社区项目做出贡献的公司本身也会受益——通过积极地宣传和在其利益相关者中释放善意。人们还认识到，当企业被认为有不道德的行为时，会给它带来经济上的损失。仔细阅读弗里德曼的文章，我们会发现他的确理解了这种"开明的自利"（enlightened self-interest），通过增进他人的利益，企业最终实现自身的利益。但他认为，企业在社会责任的外衣下掩饰其自利的一面是不诚实的。而且，他还认为这种做法是短视的，因为虽然企业在短期内得到了赞誉，但"这强化了原本就非常普遍的观点，即追求利润是邪恶的和不道德的"（Friedman，1970）。

作为道德决策者的管理者

我们已经明白为什么商业伦理和企业社会责任已被商业界所接受。盈利的企业和商业伦理被认为是兼容的，而不是相互矛盾的。企业认识到它的社会责任，政府就不太可能制定给自由企业带来负担的法律和法规。正如雷-布利斯（2017）所说，对于管理者而言，相关性的问题（为什么我们要认真对待商业伦理？）已经得到了解答（因为这样做符合我们的经济利益）。

商业伦理面临的另一个问题是良知的问题。谁来决定遵守哪些道德规范？个人被鼓励出于良知或出于敬畏而做出合乎道德的行为，但谁应当为组织的良知负责呢？你可能猜答案是管理层。这有助于解释我们在第 5 章讨论的变革型领导和真实型领导等理论的流行。这些理论认为，高层管理者有很高的道德水准——他们所做的事是正确的、公正的和善良的，因此，他们应当定义和执行组织的道德规范。遗憾的是，当他们被证明是骗子的时候，比如像安然公司的杰夫·斯基林或 Theranos 公司的伊丽莎白·霍尔姆斯那样，给组织、国家、公民和利益相关者造成的损失可能是巨大的。

如果管理层要为组织的良知负责，那么他们需要有伦理框架来决定如何应对道德方面的困境。管理学教科书提供了一系列来自道德哲学的理论，这些理论可以用于为企业的道德决策提供依据。虽然教科书的内容各不相同，但它们最常用到的四种理论是：功利主义（utilitarianism）、义务论（deontology）、正义伦理（justice ethics）和美德伦理（virtue ethics）。

源自杰里米·边沁和约翰·斯图亚特·密尔（John Stuart Mill）的功利主义认为，一种行为的道德价值取决于它带来的后果。一种道德行为要给大多数人带来最大的幸福。这是商业推理的一种常见的方法，因为它试图说明成本和效益，但难以体现个人权利。

义务论与德国哲学家伊曼努尔·康德（Immanuel Kant）

有关，它使用规则来决定对与错，这使得它不同于功利主义对于后果的关注。康德认为，道德的行为遵循普遍的道德规则，比如不要杀人。遵循规则使义务论易于应用，但它的缺点在于忽视了后果。有时，为了避免可怕的结果，打破规则难道不是一件正确的事吗？

约翰·洛克（John Locke）提出的正义伦理在寻求建立普遍权力方面与义务论相似，它们的不同之处体现在对公平问题的关注上，公平问题很棘手，因为它对不同的人意味着不同的事情。

美德伦理可以追溯到亚里士多德和古希腊人，它重点关注行为者的品格。美德伦理关注成为一个有道德的人意味着什么，以及管理者的道德品格是怎样的。

正如马丁·帕克（Martin Parker，2002）所看到的，这个令人印象深刻的著名道德哲学家的阵容为商业伦理这个子领域提供了严谨性。此外，道德哲学家之所以对管理学教科书非常具有吸引力，是因为他们的理论可以被简化为一种工具，管理者可以用来解决道德难题。帕克鼓励我们去考虑那些畅销管理学教科书中没有提及的哲学家。在教科书中，对20 世纪大陆派哲学家，比如说福柯和弗里德里希·尼采（Friedrich Nietzsche）的介绍，以及对我们之前所介绍的马克思主义观点的引用，都是非常少的。

这些理论家可以使学生去探讨关于权力、正义和平等的问题，并研究激励利润最大化的经济体系是如何激发了不道德的行为。它将使我们能够更仔细地研究政府在监管企业行为方面的责任。这非常重要，因为政府为组织设定了游戏规则，并决定了这些规则的执行力度。正如我们之前看到的，有人认为大众汽车作弊是因为其管理者相信公司对经济有贡献，德国政府会视而不见，所以他们有恃无恐。

企业社会责任的增强是否意味着
组织行为更符合道德？

鉴于商业伦理和企业社会责任受到越来越多的关注，人们或许认为组织行为也变得越来越符合道德。这当然是一个看似合理的论点。企业有动机去负责任地开展各项活动是因为它们意识到，如果不这么做，政府就会介入并加强法律约束。

在政府认为企业不够自律的情况下，经常使用监管威胁。在新西兰，政府威胁要对碳酸饮料征收糖税，以应对日益严重的肥胖和 2 型糖尿病的流行。但在采取实际行动之前，政府希望食品和饮料产业能够自发地采取措施来减少食品和饮料中糖的含量。随着饮料制造商发现减糖产品有需求，它们已经开始这么做了。

然而，也有另外一种看似合理的观点认为更多的企业社会责任并不能使企业更有道德。雷-布利斯将之描述为"企业对道德的接管"，即"道德被简化为支持由商业利润驱动的企业形象活动"（2017：581）。

这方面的一个例子就是"漂绿"（greenwashing），即组织（比如大众汽车公司）为自己和产品树立环保友好的形象，它们的实际环保行为却与此相反。漂绿的企业希望从环保形象中获得好处，却不想花费财力和努力去做环保的事情，而且随着消费者对环境友好型产品和服务的需求的增加，这种做法也越来越普遍。

漂绿不但是不道德的（大众汽车案例中相关做法是非法的），它还进一步降低了进行彻底改变的可能性。如果企业坦诚表示它们不打算采取实际行动来减小对环境的负面影响，那么政府就更有可能通过监管和其他法律途径来强制企业做出改变。因此，企业社会责任可以作为一个阀门，为更多实质性的变革释放压力。

解释为什么更多的企业社会责任不一定意味着更多的有道德的组织，另一个论点来自社会学家齐格蒙特·鲍曼（Zygmunt Bauman），他认为赋予管理者定义和执行组织的道德规范的权力实际上可能增加组织的不道德行为。对于鲍曼

（1989）来说，道德应该是个人的责任，而不是由管理层为代表来决定的。他认为，"组织作为一个整体是抹杀责任的工具"（Bauman，1989：163），因为员工处于服从上级命令的压力之下。这就抹杀了个体的责任。

20世纪60年代，斯坦利·米尔格拉姆（1974）在耶鲁大学（Yale University）进行的一系列实验强调了服从权威的危害。米尔格拉姆实验中的参与者认为他们是在参与一项关于学习中惩罚的影响的研究。他们被赋予老师的角色，并由一位权威人物（身穿白大褂的人）命令他们对绑在椅子上的学习者进行电击，电压从15伏开始，回答错误后加大，最终会将电压增加到450伏。研究的设计初衷是考察参与者多久才会拒绝服从。研究结果令米尔格拉姆感到惊讶和沮丧，65％的参与者都将电压加到了450伏。

正直的人做出如此极端的残忍行为，这要如何解释？在实验后期的汇报中，许多参与者拒绝为他们的行为负责，说他们只是在做被告知的事情。他们说，应该由那个穿白大褂的人来负责。

米尔格拉姆进一步修改了实验后发现，这不仅仅是权威关系的问题。当参与者只需要进行测试，而由另一个人进行电击时，92.5％的人继续加到最大电压。由此我们可以看到劳动分工的危害，分工理论是我们在第2章研究的一个经久不衰的管理学理论之一。

权力等级和劳动分工是当今组织的普遍特征。如果你远离你所做决定带来的后果，或者你只是不问青红皂白地听从老板的命令，那么就有可能出现不道德的行为。组织在企业社会责任方面变得更加积极，并不能保证组织的行为更加道德。

构建商业伦理和企业社会责任的早期基础

畅销的管理学入门教材的读者可能会认为，在弗里德曼和弗里曼之前，商业界没有人考虑过企业社会责任的问题。正如我们前面所看到的，1991 年企业社会责任金字塔的创造者卡罗尔认为，道德和慈善责任有史以来第一次被组织认真对待。萨姆森等（Samson et al.，2018：206）撰写的教科书中说，弗里德曼的利润最大化的观点"不再被认为是衡量社会绩效的充分的标准"，这意味着企业重视社会责任是新近才出现的现象。

然而，如果我们进一步回顾过去，就发现关于企业高管的道德状况和企业社会责任的辩论已经有几个世纪之久了。在本章的其余部分，我们首先会研究贵格会（Quakers）及其在商业界中独特的家长式做法。然后，我们讨论 19 世纪美国的大工业家，有人称他们是伟大的慈善家，有人称他们为强盗大亨。最后，我们讨论商学院在让企业为其对社会的影响负责方面可以从过去学到什么。

贵格会①体现的商业伦理

贵格会为我们带来了一些知名的家族企业：吉百利（创立于 1824 年）、普华永道会计师事务所（其前身普华会计师事务所创立于 1865 年）、Huntley and Palmer 饼干公司（创立于 1822 年）和 Jacobs 饼干公司（创立于 1851 年）。卡瓦纳和布里格姆（Kavanagh and Brigham，2018）指出，虽然贵格会的成功在一般的历史领域被广泛认可，在管理史中却很大程度上被遗忘了。在第 2 章中，我们指出许多教科书都认为管理学理论只有一个多世纪的历史。而贵格会运动可以追溯到更久远的年代，而且卡瓦纳和布里格姆争辩说，在推动商业伦理理论的发展方面它发挥了关键作用。

贵格会作为一种宗教教派于 17 世纪在英国兴起。贵格会在英国和美国都取得了巨大的商业成功——弗雷德里克·

---

① 贵格会兴起于 17 世纪中期的英国及其美洲殖民地，创立者为乔治·福克斯。贵格会以救济事业、慈善事业、改良监狱、释放奴隶、反对战争、主张宗教自由而闻名。——译者

泰勒就是贵格会的成员，玛丽·帕克·福莱特和约瑟夫·沃顿（Joseph Wharton）也是。沃顿于 1881 年在宾夕法尼亚州创建了美国第一所商学院——沃顿商学院（Wharton School）。

沃顿是伯利恒钢铁公司的主要股东之一。该公司在 1898 年因弗雷德里克·泰勒开展实验来验证其科学管理方法而闻名。贵格会成员是创新者和现代化者，他们主要通过开发新技术和新工艺取得商业上的成功，这些技术和工艺被证明有效。

最著名的贵格会公司是吉百利，一家英国糖果公司，为亿滋国际公司（Mondelez）所有。直到 1962 年，它还是一家私人公司，由吉百利家族成员拥有和管理。这个公司由约翰·吉百利（John Cadbury）于 1824 年在伯明翰市中心开设。最初，公司主要做茶和咖啡贸易，由于经营艰难，吉百利家族开始集中精力生产可可和巧克力。1879 年，为了改善工作和生活条件，以及扩大业务，吉百利在伯维尔城市郊区的绿地上建立了一个新的工厂。他为工人建造了房屋，以成本价卖给他们，并由吉百利提供抵押贷款。工厂周围建立了配套设施，包括学校、公园、娱乐场所和其他便民设施。

贵格会伦理是吉百利的基石（Dellheim，1987）。吉百利家族是那个时代开明的雇主，他们将工人视为人而非机器上的齿轮。他们还认为工人应该对企业的经营有发言权，他们制订了一项计划，让员工可以就改善产品和流程以及工作条件提出建议。他们为工人提供教育课程，并鼓励他们参与伯维尔的社会活动。吉百利家族发挥了家长式的作用，认为他们知道什么是对员工最好的。他们有一个一元主义的参考框架——他们不喜欢工会或政府干预他们与员工的关系。

19世纪中期，英国《公司法》的修改引入了有限责任形式的所有权，这意味着如果公司倒闭，企业主的私人资产不会有风险。贵格会欢迎这一变化，认为这是一个扩大家族企业规模的机会，但是扩大规模意味着需要雇用新的经理，而许多人并不了解或不关心贵格会的宗旨。结果，贵格会成员失去了对家族企业的控制权，最终弱化了贵格会的商业惯例。

那么，我们从贵格会成员的身上能学到什么？它们的实践表明，以明确的合乎道德的方式来经营企业，并具有长远的眼光，是一种成功的策略。另一个有用的经验是，科学管理和对人的关注可以共存。贵格会成员对其员工的内在需求深表关注，但它们也欢迎通过科学管理带来的效率提升。这就是它们在霍桑实验之前几十年的做法，进一步证明了梅奥的"发现"，即工人有社会需求其实并不是一个真正的发现。

最后，贵格会的案例显示了管理学理论的循环性。20世纪60年代，管理咨询公司麦肯锡建议吉百利不要再满足工人的每一个需求，因为这需要大量的成本，麦肯锡认为这不能带来足够的收入。然而，今天伯维尔传统的"公司小镇"（company town）的想法正在卷土重来。随着世界各地房价的迅速上涨，新西兰床品制造商睡眠专家（Sleepyhead）将公司搬到农村，在那里，它可以为员工提供负担得起的住房和其他设施。

管理企业的家长式方法也以谷歌（Google）和苹果（Apple）公司流行的商业园区（business campus）的形式重新出现。谷歌经常在最佳工作场所调查中名列前茅，因为它为员工提供了一天中可能需要的一切。除了健身房和娱乐场所，那里还有免费的高品质食物、理发服务、按摩服务和洗衣服务。员工甚至可以带着他们的狗去上班。当然，这有一个交换条件——在工作需要的情况下，员工可以延长工作时间。没有宗教信仰可能是谷歌与贵格会的区别，但正如一些商业评论家所看到的，谷歌获得了员工强烈的认同，员工认为在谷歌工作是一种类似宗教般的虔诚的体验。

强盗大亨还是伟大的慈善家？

2015 年，脸书（Facebook）的创始人马克·扎克伯格和他的妻子普莉希拉·陈（Priscilla Chan）承诺，他们将 99％

的脸书股票，当时价值 450 亿美元，捐赠给陈-扎克伯格计划（Chan Zuckerberg Initiative，CZI），并以成立有限责任公司的形式做慈善，致力于改善人类的健康和教育状况。

扎克伯格因这一异常慷慨的馈赠并承诺要致力于帮助有需要的人而受到一些人的高度赞扬。然而，有些人对他的动机表示怀疑。脸书已经陷入关于其收集用户数据隐私的众多争议中。最令人瞩目的案件发生在 2018 年，牵涉剑桥分析公司（Cambridge Analytica），它是一家政治咨询公司，收集并利用数据为包括唐纳德·特朗普在内的政治竞选者提供建议。剑桥分析公司通过亚历山大·科根（Aleksandr Kogan）开发的一个测验应用程序掌握了 8 700 万脸书用户的个人数据，科根是一名数据科学家，曾经在剑桥大学（University of Cambridge）担任研究助理。科根的应用程序"这是你的数字生活"（This is Your Digital Life）所收集的数据不仅来自那些同意参加测试的人，而且来自脸书网络中的其他人。脸书被批评在意识到漏洞的时候行动太慢，没有更认真地对待数据隐私问题。

有些人认为，扎克伯格的慈善事业起到了保护自己的作用，使他免受关于他如何积累巨额财富的质疑。还有人认为，像扎克伯格这样富有的慈善家是对民主的一种威胁。政治理论家罗布·赖克（Rob Reich，2018）说，这是一种权力的运作，是影响社会的直接尝试。慈善家的游戏规则是创造财富，使他们向政府交纳的税款减到最少，抱怨政府的失败，宣布他们可以做得更好，通过建立一个基金会来获得减税，然后期待人们感谢他们的才智和慷慨。赖克认为，这么做的总体效果是削弱了政府的影响力，削弱了民主，因为政府要对投票箱负责，而像扎克伯格这样的慈善家则不需要。

围绕企业慈善事业的争论并不是什么新鲜事。约翰·洛克菲勒（John D. Rockefeller）于 1937 年逝世，享年 97 岁，人们普遍认为他是有史以来最富有的美国人，他的净资产相当于当时美国国内生产总值（GDP）的 2% 以上。这是什么概念？今天美国国内生产总值的 2% 相当于 4 000 亿美元。在写这本书的时候，扎克伯格的财富估计为 930 亿美元。相较之下，洛克菲勒的财富比微软的比尔·盖茨、亚马逊的杰夫·贝佐斯和扎克伯格的财富加起来还要多。

1913 年，当约翰·洛克菲勒宣布他要建立一家慈善基金会时，美国前总统西奥多·罗斯福（Theodore Roosevelt）宣称"再多的慈善机构来花费这些财富，都无法抹杀获得这些财富的不正当行为"（Matthews，2018）。

洛克菲勒做了什么以至于招致如此嘲讽？洛克菲勒被认为是 19 世纪下半叶的"强盗大亨"之一，这个称谓用来指一小部分成功的工业家，他们被认为通过不道德的活动积累了财富。洛克菲勒于 1870 年成立了标准石油公司（Standard Oil Company），垄断了全美国的石油生产，在顶峰期控制了 90％的石油供应。当时，高速发展的美国经济严重依赖石油。当时还没有电力供应，所以对于照明用的煤油的需求量很大。洛克菲勒与那些控制着重要的铁路网络的人进行交易，向通过铁路运输石油的竞争对手收取费用。通过控制美国经济所依赖的石油，洛克菲勒扩大了他的帝国。

在这一时期的美国政治中，"强盗大亨"的商业行为受到了"扒粪者"（muckraker）的攻击，这些调查记者为流行的美国杂志撰写文章，揭露他们认为的腐败行为。伊达·塔贝尔（Ida Tarbell）是一位主要的揭露者，她在 1904 年撰写的关于标准石油公司的历史的文章引起了公众对该公司的强烈反对。美国政府针对公众对洛克菲勒和其他工业家的愤怒做出了回应，制定了反托拉斯法（antitrust law），打破了这些公司的垄断。标准石油公司被分解为 30 多家公司，市场竞争更为激烈了。

洛克菲勒的公众地位随着 1914 年的拉德洛大屠杀事件进一步下降。在这起事件中，他控制的科罗拉多燃料和钢铁公司（Colorado Fuel and Iron Company）的一些罢工工人及其妻子和孩子在长达 7 个月的罢工后被枪杀。这一事件被认为是美国劳资关系史上的一个关键时刻，公众的愤怒终于导致工作条件的改善。这一事件唤醒了洛克菲勒对人道主义事业的关注。洛克菲勒开始关注雇员事务，包括资助梅奥在哈佛商学院的研究。

到他去世的时候，洛克菲勒已经捐出了 5 亿美元，主要用于医学研究和教育，但是他的慷慨没有受到普遍的欢迎。他试图粉饰他为创造财富而做的可怕的事情遭到严厉的批评。1915 年国会工业关系委员会将洛克菲勒和卡内基称为"对社会的威胁"。一位国会议员形容洛克菲勒的基金会"与民主社会的整个理念相背"（Matthews，2018）。

在研究商业伦理方面，我们需要回顾过去并思考慈善事业的伦理，以及政府在制定商业运作的游戏规则中所承担的责任。洛克菲勒到底是一个伟大的慈善家还是一个强盗大亨？或者两者都是？今天看来，这仍然是一个有争议的话题。

从危机中学习

本章开始时，我们强调了公司丑闻和全球金融危机发生后人们对商业伦理的关注。商学院被批评是企业的啦啦队，它们受到了来自外界的压力，需要证明它们是为社会利益服务，而不是为企业狭隘的经济利益服务。如果人们认为这是商学院面临的一个新挑战，那就错了。在这最后一个案例中，我们探讨发生在哈佛商学院的一场争论：一个世纪前，很多人认为哈佛商学院是企业的终极啦啦队。

我们写过关于进步的时代（Progressive Era）的文章，这一时期是指 1918 年第一次世界大战结束前的 20 年，公众对由强盗大亨控制的自由放任的资本主义不满，希望政府对经济进行监管，以帮助社会中那些不富裕的人。第一次世界大战结束之后，情况发生了变化。1919—1920 年急剧的通货紧缩引发了广泛的工业动荡，以工会为代表的工人要求增加工资、改善工作条件。也是在这个时候，继 1917 年的俄国十月革命之后，人们担心罢工将给美国带来共产主义革命。

这些不稳定因素的组合，导致大企业和有组织的劳工之间的暴力冲突，而政府却站在大企业一边。马伦斯（Marens，2012：66）总结说："美国劳工在组织和对抗新的工业巨头方面的经验可谓少得可怜。"失业率上升，工会成员迅速减少，与当时其他国家的情况相比，美国企业管理层发现自己有着非同寻常的自主权。然而，胜利是有代价的。马伦斯说，随着权力的增加，社会期望企业能够负责任地行使自己的权力。关于这一切是如何发生的，哈佛商学院在这一时期进行的辩论为我们提供了精彩的见解。

华莱士·唐纳姆（Wallace Donham）于 1919 年成为哈

佛商学院的院长。这一年，400 万美国工人进行了罢工（O'Connor，1999）。唐纳姆是哈佛大学法学院的毕业生，曾在一家铁路公司从事破产管理工作。这让他与工会成员有过接触，在这些经历的启发下，唐纳姆希望在教学中体现劳工的观点，所以他聘请了罗伯特·费希纳（Robert Fechner），一位有影响力的工会领袖。

对费希纳的任命激怒了许多人。当地的一位工业家胡德（F. C. Hood）是商学院的常客，他认为让费希纳给易受影响的年轻人讲课是不明智的，声称这可能会播下社会动荡的种子。

唐纳姆为费希纳的任命进行了坚定的辩护，因为之前劳工问题一直被忽视，提供这种观点可以鼓励学生进行批判性思考。费希纳的任命对唐纳姆来说是有利的，因为商学院的合法性过去受到了批评者的质疑，这些批判者认为商学院是商业界的仆人，而不是正常的学术部门，并且在大学中没有地位（Veblen，1918）。

同样有利的是，唐纳姆与哲学家阿尔弗雷德·诺思·怀特黑德（Alfred North Whitehead）的关系日益密切，后者后来加入了哈佛大学的哲学系。怀特黑德（1925）对当时大规模生产的迅速蔓延感到失望。他呼吁商学院培养学生的远见，使他们能够理解和预测社会变化。

唐纳姆同意怀特黑德的观点，即不断地变化是西方文明面临的主要威胁，他认为美国陷入经济危机正是这一威胁成为现实的证据。唐纳姆呼吁企业在需求下降的情况下维持就业规模，并主张缩短工作时间，同时将工资保持在现有水平上，希望人们未受影响的购买力加上额外的休闲时间能够刺激需求。在这个危机时期，唐纳姆恳请企业高管认清并承担他们的社会责任。

> 资本主义正在接受审判，而这一审判的结果决定了整个西方文明的未来……我们目前的情况和世界上所有的工业国家一样，都在面临资本主义的一次重大崩溃。这能避免吗？我相信可以，但如果没有从广泛的社会问题层面去考虑，而只是从特定的公司角度去考虑，就无法避免。（Donham，1932：207）

《哈佛深红报》（*The Harvard Crimson*）评论道："这些想法并不新鲜，但它们迄今被认为是激进的，甚至是社会主义的，并且，从哈佛大学研究生院院长那里听到这些观点，是时代进步的一个令人惊讶的迹象"（1932年9月21日）。

唐纳姆重新设置了学校的课程，更加重视对政府及其与企业的关系以及商业伦理的研究。到20世纪30年代末，哈佛大学在美国商学院的转型中处于领先地位，库拉纳

（Khurana，2007：191）指出，其目的是"把商学院转变为客观的分析师，必要时变成商业的批评家，而不是它们之前被指责的辩护者和推动者"。

在管理学教科书中，很少有关于这一动荡时期的记录。这是一种耻辱，因为它为有关商业伦理、商业与社会的关系以及商学院作用的新的思维方式的萌芽提供了肥沃的土壤。那段时期的情况和今天的危机有很大的相似之处，当今的危机包括气候变化的环境危机和由新冠疫情所引发的经济危机。

结　论

尽管许多人认为像可持续发展、商业伦理和企业社会责任这样的话题是新的，而且相关的理论也比之前更为先进，但回顾过去，我们会得出不同的结论。这可以帮助我们去开发一些新的方式来思考这些重要的问题。

批判性见解

17. 米尔顿·弗里德曼和爱德华·弗里曼的企业社会责任理论并不像我们所认为的那样处于对立关系。

关于商业伦理和企业社会责任的历史，标准说法是从弗里德曼的观点开始的，弗里德曼认为，企业的唯一责任是实现利润最大化。他的观点被认为是过时的，因为弗里曼的利益相关者理论告诉我们，企业和管理者对受其行为影响的其他人负有责任。我们并不认为弗里德曼和弗里曼的观点是对立的，相反我们认为它们有很多共同点——都支持管理主义视角，都认同利润最大化是企业的目标。

18. 从道德哲学中获得的道德理论提供了深刻的见解，但也有盲点。

管理学教科书提供了一系列来自道德哲学的理论，用以指导道德决策。这些理论非常符合主导大多数教科书的管理主义视角。我们认为这些理论可以通过哲学视角得到有益的补充，能够更关注权力、不平等和政府的作用。

19. "强盗大亨"和他们的慈善事业表明了政府和企业应该承担的社会责任。

19世纪末，强大的美国公司被批评为过于庞大和强大，以及从事不道德的活动。这促使美国政府通过反托拉斯立法来打破这些公司对行业的垄断。面对公众的反对，"强盗大亨"领导这些公司成为"伟大的慈善家"，他们将自己的大部分财富捐献给了有价值的社会项目。与之相关的争论持续到了今天。

20. 在有关企业文化的理论出现之前，贵格会已经采取

了家长式的做法。

贵格会成员将创建成功企业的热情和把培养工人放在首位的信仰结合起来。虽然它们的贡献在很大程度上被管理史所忽略，但可以被视作当代思想的基础，比如公司小镇或园区式的工作场所，那里提供了大量的员工福利和便利设施。

第 7 章

结论：管理学理论的过去、
现在与未来

我们的目标是去了解思考自己历史的努力在多大程度上能让思想解放，让它不再沉默，使我们能够以不同的方式去思考。

——米歇尔·福柯（1985：9）

过去：质疑管理学理论的传统表述方式

10 多年来，我们一直在分析管理学教科书里那些管理学理论中最为人熟知的名字，包括韦伯、斯密、泰勒、马斯洛和勒温。我们将畅销教科书中对这些理论家的描述与他们的著作进行比较。通过研究，我们得出了这样的结论：目前管理学基础理论典型的呈现方式限制了我们对管理是什么和可能是什么的理解。

例如，传统的表述方式限制了管理的可能性，因为它只关注泰勒和科学管理学理论的内容，而忽略了其产生的背景原因——出于明智地使用稀缺资源的愿望。它限制了可能性，因为它只专注于并颂扬亚当·斯密著作中的一小部分，而忽略了其更广阔的思想体系——基于同情他人的道德体系。它限制了我们，因为它把官僚主义看作规范或可憎的东西，而不是将其作为众多组织形式中的一种特殊形式。它限制了像玛丽·帕克·福莱特这样智慧的思想家的影响，只把她的贡献缩略为一些要点和"双赢"这样的陈词滥调。

我们已经在学术期刊上发表了关于这些理论的更全面的历史研究（附录中列举了关于这些理论的研究）。然而，正如我们在第1章中所说的，除了学术界的人之外，很少有人阅读这些期刊。此外，发表学术论文也并不是我们的最终目标。我们希望影响大学里教授管理学的方式，以及学生对于管理学可能是什么的思考。如果我们能够做到这些，就有可能影响管理的实践方式。本书迈出了重要的一步。

在对管理学教科书进行研究的时候，有一个问题一直困扰着我们："为什么原始理论和管理学教科书对其的描述之间会有如此大的差异？"

我们就这个问题思考了很久。其中可能有许多促成因素，我们并没有假设已经明确了所有的因素。一个因素是教科书需要为学生去浓缩和简化理论。我们在写本书的时候也不得不这么做，为此，我们能够理解那些教科书的作者。

我们同样认为，这些错误的表述与管理学作为一个研究领域如何随着时间发展有关。管理学是一个年轻的学科，它一直在看向别的学科以寻求自身的理论基础。它在心理学、经济学、人类学、政治学、哲学和社会学等学科中找到了一些理论。斯密、韦伯、马斯洛和勒温都是伟大的理论家，可他们并不是管理理论家，因此，他们的思想需要为管理学领域进行重新设计。

将这些理论转化到管理学领域就会出现问题。这种转化在很大程度上基于对管理学教育的一种局限的观点和狭隘的意识形态。让我们先来讨论一下这种局限的观点。

大多数教科书都假定管理学教育的目的是将学生培养成未来的管理者。教科书是从管理者的角度编写的，而理论是作为工具提出的，管理者可以利用这些理论工具来解决问题并提高组织绩效。这本身并无不妥，可是它确实导致了错误的表述。马斯洛的需求层次理论被作为提高企业员工积极性的工具传授给管理专业的学生，然而这并不是马斯洛的初衷。

我们认为这种传统的管理主义视角最好辅以一种雇员视角，即优先考虑公平、公正、自主和平等。这就纳入了一些不属于管理者工具箱的理论，这些理论为管理学和组织提供了真正的见解。我们在本书中讨论了一些这样的理论，包括马克思主义的分析，福柯关于监督的理论，怀特对群体思维和个性压抑的关注，以及辛克莱关于领导力的性别视角。这些额外的视角为学生提供了一种比标准的管理主义视角更丰富的管理教育方式。

在意识形态方面，最有影响力的管理学教科书鼓励学生以符合自由市场和"管理者认为的最好的管理方式"的角度来看待管理学领域，这种政治立场在很大程度上隐藏在科学和客观的外表之下。

这种狭隘的观点对学生是一种危害。因为它导致原理论被歪曲从而偏离了作者本身的意图，比如勒温的变革三阶段理论，或福莱特关于群体动力的理论。除此之外，它还向学生传递了一个有问题的信息，即作为一个管理者就意味着支持自由市场资本主义（尽管最早的一些管理学理论，比如科学管理理论，是作为对失控猖獗的资本主义的回应而出现的）。我们不认为将学生纳入一个单一的意识形态立场是大学教育应该做的事情。

现在：创造新的管理学理论

我们一直在对管理学的传统观点进行批判。然而，批判的价值是有限的，除非它能把我们从未经质疑的假设中解放出来，使我们能够以不同的方式去思考（借用米歇尔·福柯的话）。因此，批判性思维可以引领我们走上创造和创新的道路。正如我们在这里试图表明的那样，即使是最熟悉的理论基石也可以被质疑，并从不同的角度来看待，这说明当下的管理学仍然可以发展和重新创造。如果管理史是可塑的，那么它的未来一定也是如此。

令人欣慰的是，在多个学科中，人们对重新审视既有理论的兴趣与日俱增。在心理学和医学领域，这种新的兴趣正在以"复制危机"（replication crisis）的形式出现，也就是说学者们发现很难复制经典研究的结果，从而引发了对其有效性的担忧。在管理学研究中，批判性的历史研究正在蓬勃发展，这涉及如何向学生传授该领域的知识，最近两本重点期刊《美国管理学会学习与教育》（*Academy of Management Learning & Education*）和《管理学习》（*Management Learning*）还为此主题开设了专刊。

我们对文献的贡献是重新审视了管理学的经典理论。但是，我们的研究有一个显著的局限性。虽然我们提倡以新的方式思考泰勒、斯密和其他人，但是我们也在强化同样旧的历史人物形象。他们不是一个多元化的群体，他们几乎都是白人、男性和英美人。此后管理学的理论发展也同样苍白、陈腐与男性化。玛丽·帕克·福莱特在一个世纪前在多样性和创造性之间建立的联系仍未能在管理学理论中得到充分的探索和利用。

为了重振管理学理论，尤其是我们的教科书，我们需要考虑并采纳那些被排除在外或没有被适当听取的声音。为了满足这一需求，一批新的管理理论家应运而生，他们探讨如果我们采纳当地人、少数族裔的观点以及性别多样化的更多视角，管理学理论会有什么不同？斯特拉·恩科莫（Stella Nkomo）、莱昂·普列托（Leon Prieto）和西蒙娜·菲普斯（Simone Phipps）的研究为我们提供了这方面的两个案例。

恩科莫（2011）研究了教科书中对非洲的管理理论的表述。她发现，除了所有教科书都会提到的埃及金字塔的建造之外，非洲的管理研究在很大程度上是不被看见的。埃及的案例本身是有问题的，因为在典型的叙述中，它是管理学理论的先驱——正式管理学理论发展之前的一种思想（因此逊色于正式的管理学理论）。

普列托和菲普斯（2019）得出了类似的结论，他们指出，很少有教科书提到查尔斯·克林顿·斯波尔丁（Charles Clinton Spaulding）——"非裔美国人管理之父"。斯波尔丁的管理风格来源于他的宗教信仰和灵性。他谦逊、富有使命感、乐于与人合作。

斯波尔丁（1927a，1927b）的文章《大企业的管理》（The Administration of Big Business）概述了管理的八个基本要素，其中最重要的是合作和团队精神。这比切斯特·巴纳德（Chester Barnard，1938）的经典著作《经理人员的职能》

（*Functions of the Executive*）早了 11 年，比亨利·法约尔
（Henri Fayol）的经典著作《工业管理与一般管理》（*General
and Industrial Management*）（1916/1949）早了 22 年，后者
包含了 14 条管理原则，从法语翻译成英语。巴纳德和法约
尔都常见诸管理学教科书。这些教科书本可以选择斯波尔丁
作为一般管理原则的杰出理论家，但它们没有这么做。

　　为了克服非洲的管理学理论的这一缺陷，普列托和菲普
斯提出了一个令人信服的理由，说明为什么应该向管理学的
学生传授合作优势理论，这是对迈克尔·波特（Michael Por-
ter，1985）提出的著名的竞争优势理论的反驳。波特认为，
企业可以通过生产比竞争对手更便宜的商品、生产与竞争对
手不同的商品以及专注于利基市场（niche market）① 来获得
竞争优势。他的理论具有巨大的影响力，但批评者认为他将
人类描述为理性的、自利的和个人主义的。

　　普列托和菲普斯（2019）的合作优势理论则假定人类是
社会性的、公共性的和合作性的，而不仅仅是竞争性的。该
理论借鉴了非洲的乌班图（Ubuntu）传统，该传统的基础是
注重精神性、建立共识和开展对话。精神性可以通过创造有
意义的工作、建立共同体的意识和一个真正关爱型的组织来

―――――――――――

　　①　利基市场是在较大的细分市场中由具有相似兴趣或需求的一小群顾客
所组成的市场。――译者

发展。共识的内容包括允许员工在可能的情况下自行安排工作，并确保他们有发言权，感到被包容。领导者追求建立共识，要以所有利益相关者都有机会发言为前提。

值得庆幸的是，还有许多其他学者像恩科莫、普列托和菲普斯一样，他们正在回顾过去或突破其他假设的界限，从过去吸取经验教训，为今天和未来的管理新理论做出贡献。

未来：新的管理学理论能否成为主流？

我们在本书中指出，教科书在构建我们所认为的管理方面发挥了强有力的作用。学术领域是由社会建构的这一观点意味着虽然一些基础，比如弗雷德里克·泰勒和科学管理，被主流管理学教科书认为是一成不变的，但事实上，它们可以被改变。

承认这一点并不是要低估实现转变的挑战。最畅销的教科书已经推出了多个版本，因为它们一直是成功的。成功可能滋生出一种不愿意去改变的惰性。路易斯·布兰代斯（Louis Brandeis）在普及科学管理方面所起的作用是否会被承认？需求金字塔是否会因为马斯洛并没有创建它，它不能很好地代表马斯洛的理论而被删除？变革管理理论家是否会重新审视以勒温的变革三阶段经典理论为基础的本领域研究的基本假设？

令人高兴的是，一些教科书正在改变它们对勒温和马斯洛的表述以回应这种质疑。但还有更重要和更富有争议的问题需要解决，比如奴隶制在管理史中的作用。

正如管理学之外的其他领域的历史所记载的，奴隶制可以看作是美国资本主义的源头（Desmond，2019）。但是，就像库克（Cooke，2003）和罗森塔尔（Rosenthal，2018）指出的，奴隶制被排除在管理学的历史之外。在所谓的现代管理出现之前，美国有 400 万奴隶。库克展示了种植园是如何通过将工作与执行的概念分离，而使得科学管理成为种植园的一个特色的，而科学管理通常被归功于半个世纪后的泰勒。种植园同时采用的还有经典的管理概念，比如劳动分工和指挥系统。

2003 年，库克指责管理领域对奴隶制持消极态度，因为它"对四百万被奴役的人是如何被管理的，甚至没有表现出肤浅的好奇心。而正是在那个时期，那个国家，管理学宣告诞生"（2003：1898）。自库克写下这些话以来，并没有发生什么改变。他呼吁管理学领域承认针对非洲裔美国人的种族主义是其历史发展中的一个推动因素，而这仍是一个紧迫的问题，特别是在乔治·弗洛伊德（George Floyd）在 2020 年被明尼阿波利斯的一名警察杀害之后。

对于那些正在创建可替代的管理学理论的人来说，也有一些难题需要解决。例如，恩科莫指出，在将非洲的管理知识纳入西方价值观主导的知识体系时，存在三种紧张关系。首先，由于普遍的管理主义视角，要试图证明采用非洲的管理理念能够使组织盈利更多，就违背了他们的初衷。其次，"非洲管理"经常被描绘成一个同质化的概念，暗示在这个广大而充满多样化的大陆上，所有人都有着相同的信仰和价值观。笼统的概括可能会忽略非洲人之间的重要差异和他们的管理方法。最后，在回顾非洲被殖民化之前的情况时，有一种倾向，即认为非洲文化停留在过去（stuck in time）——是一种静态的历史遗迹，而不是动态的、随时间变化的东西。

其他想要以不同方式对管理学理论进行思考的人也面临着类似的困难。但恩科莫和其他学者开创性的工作表明，这一点是可以做到的。这是一种非常值得肯定的努力——如果管理不想变得陈腐、滞后和越来越无关紧要，那么这种努力就势在必行。

结论：以不同的方式进行管理

虽然本书的重点是理论，但我们并不想给你留下这样的印象，即这仅仅是一本学术著作。如果我们能够对理论进行不同的思考，我们就有可能采取不同的行动。回到第 1 章库尔特·勒温可能从未说过的那句话："没有什么比一个好的理论更实用的了。"我们最终的目标是鼓励人们以不同的方式进行管理。

以我们在第 5 章讨论的简单化的管理/领导二元论为例。这助长了一个错误的观点，即管理者是坏的，而领导者是好的，没有英雄式的领导者，组织就无法变革，因为变革是好事，不变革是坏事，所以我们需要的是英雄式的领导者（而非好的管理者）。它提倡一种领导力的观点，就是去创建并向员工推销一种愿景，而不是去倾听他们的心声、与他们产生共鸣并真正致力于更好地了解组织所面临的机遇与挑战——正如库尔特·勒温在 70 多年前就建议的那样。

我们已经看到许多组织从外部引入的变革型领导者为了实现他们的宏伟愿景而搞垮了组织。一般来说，这些领导者并不了解组织，他们疏远那些了解组织的人，而当领导者的梦想变成其他人的噩梦以后，他们又开始了其领导旅程的下一站。通过对"领导力胜过管理"这一假设进行不同的思考，理解为什么在过去管理学研究者认识到英雄式的领导力理论有很大缺陷，我们就可以鼓励人们在未来采取不同的行动。

理解管理学理论发展中普遍存在的错误陈述是如何发生的以及为什么会发生，给我们提供了宝贵的见解，也为我们创造了一个空间，使管理学习和管理实践以其他方式得以展开。鉴于当今世界面临的紧迫的环境、社会和经济挑战，当下是我们对人、组织和工作方式进行更有创造性的思考的一个好时机。

我们希望你能喜欢这段关于管理学理论演变的旅程。这一路上，我们希望你能找到沿途一些有价值的、批判性的见解（见表 7-1）。我们相信，这些见解可以帮助你成为更好的批判性思考者，以及更具创新性的管理思考者和实践者。

表 7-1　关于管理学理论的 20 条见解

1. 科学管理之所以流行，是人们出于对大企业对社会的巨大影响的担忧。
2. 亚当·斯密认为伦理体系应该成为经济学与管理学的基础。
3. 韦伯不认为官僚制是理想的组织形式。
4. 福莱特告诉我们，组织是独特的，我们应该理解组织中的不同观点。
5. 人际关系理论像科学管理理论一样，都是为了解决资本主义的危机而产生的。
6. 激励理论为了管理学的受众而被转化，并在这一过程中丧失了原意。
7. 马克思主义的分析认为，激励不足是资本主义内部雇佣关系的产物。
8. 边沁的圆形监狱表明，受到监督是激励的一个主要来源。
9. MBTI 人格测试对管理者和雇员都很有吸引力，但没有科学的可信度。
10. 自我理论展示了组织如何对员工进行分类和控制。

11. 管理学教科书赞美团队合作，但忘记了早先对于个性、创造力和批判性思维的丧失的担忧。
12. 文化管理中隐含的对员工控制的加强，同过去关于从众行为的讨论密切相关。
13. 对于领导和管理的简单区分是无益的。
14. 集体的领导形式可以克服以个人为基础的领导形式。
15. 挑战变革管理理论的起源，为稳定和变革提供了一个更加平衡的观点。
16. 对什么是好的领导力的普遍性理论提出质疑，可以激发新的思维。
17. 米尔顿·弗里德曼和爱德华·弗里曼的企业社会责任理论并不像我们所认为的那样处于对立关系。
18. 从道德哲学中获得的伦理理论提供了深刻的见解，但也有盲点。
19. 强盗大亨和他们的慈善事业表明了政府和企业应该承担的社会责任。
20. 在有关企业文化的理论出现之前，贵格会已经采取了家长式的做法。

附　录

学习管理学理论的资源

推荐书目

本书借鉴了我们所做的关于管理学基础理论起源的研究。

Pol, O. , Bridgman, T. , and Cummings, S. (2020) Whyte-out: How the creator of groupthink became unseen by management's history. *Proceedings of the 80th Annual Meeting of the Academy of Management*, Vancouver, 7 – 11 August.

Bednarek, R. , Cummings, S. , and Bridgman, T. (2020) Out of place: Management studies' temporal misplacements of Mary Parker Follett. *80th Academy of Management Annual Meeting*, Vancouver, 7 – 11 August.

Bridgman, T. , Cummings, S. , and Ballard, J. (2019) Who built Maslow's pyramid? A history of the creation of management studies' most famous symbol and its implications for management education. *Academy of Management Learning & Education*, 18(1): 81 – 98.

Badham, R. , Bridgman, T. , and Cummings, S. (2019) The

organisationas-iceberg metaphor: A strong defence for historical re-surfacing. 35*th EGOS Colloquium*, Edinburgh, 4 - 6 July.

Cummings, S. , Bridgman, T. , Hassard, J. , and Rowlinson, M. (2017)*A New History of Management*. Cambridge: Cambridge University Press.

Bridgman, T. , Cummings, S. , and McLaughlin, C. (2016) Re-stating the case: How revisiting the development of the case method can help us think differently about the future of the business school. *Academy of Management Learning & Education*, 15(4): 724 - 41.

Cummings, S. and Bridgman, T. (2016) The limits and possibilities of history: How a wider, deeper and more engaged understanding of business history can foster innovative thinking. *Academy of Management Learning & Education*, 15 (2): 250 - 67.

Cummings, S. and Bridgman, T. (2016) How recovering Adam Smith can help us think differently about the foundations of management. *Proceedings of the 76th Annual Meeting of the Academy of Management*, Anaheim, 5 - 9 August.

Cummings, S. , Bridgman, T. , and Brown, K. (2016) Unfreezing change as three steps: Rethinking Kurt Lewin's legacy for change management. *Human Relations*，69（1）：33 - 60.

Cummings，S. and Bridgman，T.（2014）The origin of management is sustainability：Recovering an alternative theoretical foundation for management. *Proceedings of the 74th Annual Meeting of the Academy of Management*，Philadelphia，1 - 5 August.

Cummings，S. and Bridgman，T.（2011）The relevant past：Why the history of management should be critical for our future. *Academy of Management Learning ⅋ Education*，10（1）：77 - 93.

推荐收听

谈论组织播客（@talkaboutorgs）是一个免费的、非营利性的、每周一次的对话式播客，专门介绍管理学中的著名理论。每一集以一本书、一篇期刊文章或一个理念为主题，由主持人讨论其目的和影响。主题包括经典文献、组织理论、组织行为、数字经济、人力资源、方法论和人力资源。本节目由网站 www. talkingaboutorganizations. com/和 Spotify 提供。

推荐活动

谁杀死了亚当·斯密？这个新颖的谋杀之谜播客由昆士兰大学的斯图尔特·米德尔顿（Stuart Middleton）、卡梅伦·摩根（Cameron Morgan）和夏奇拉·莫斯（Shakira Moss）创建。谋杀之谜播客的创建是为了从批判的角度教授大学生学习管理学历史。

https：//teach. business. uq. edu. au/articulate/case-of-invisible-hand.

参考文献

Abrahamson, E. (2004) Avoiding repetitive change syndrome. *MIT Sloan Management Review*, Winter: 93–5.

Acker, J. and Van Houten, D.R. (1974) Differential recruitment and control: The sex structuring of organizations. *Administrative Science Quarterly*, 19(2): 152–63.

Adams, J.S. (1965) Inequity in social exchanges. In L. Berkowitz (ed.), *Advances in Experimental Social Psychology*. Volume 2. New York: Academic Press, pp. 267–300.

Alderfer, C.P. (1969) An empirical test of a new theory of human needs. *Organizational Behavior and Human Performance*, 4: 142–75.

Alderfer, C.P. (1989) Theories reflecting my personal experience and life development. *Journal of Applied Behavioral Science*, 25(4): 351–65.

Alvesson, M. and Sandberg, J. (2012) Has management studies lost its way? Ideas for more imaginative and innovative research. *Journal of Management Studies*, 50(1): 128–52.

Asch, S.E. (1958) Effects of group pressure upon modification and distortion of judgments. In E.E Maccoby, T.M. Newcomb and E.L. Hartley (eds.), *Readings in Social Psychology*. 3rd edn. New York: Holt, Rinehart and Winston, pp. 174–83.

Avolio, B.J. and Gardner, W.L. (2005) Authentic leadership development: Getting to the root of positive forms of leadership. *The Leadership Quarterly*, 16: 315–38.

Barnard, C.I. (1938) *The Functions of the Executive*. Cambridge, MA: Harvard University Press.

Barrett, L.F. (2017) The secret history of emotions. *The Chronicle of Higher Education*, March 5 (www.chronicle.com/article/The-Secret-History-of-Emotions/239357?fbclid=IwAR03i8XQeZnPgspwq1Yg vB4rT-IK-8K0iCMBCjUhAmZqcwjq-6zTvBn76mg#comments-anchor)

Bass, B.M. and Riggio, R.E. (2006) *Transformational Leadership*. 2nd edn. Mahwah, NJ: Lawrence Erlbaum Associates.

Bauman, Z. (1989) *Modernity and the Holocaust*. Oxford: Polity Press.

Bell, E., Panayiotou, A., and Sayers, J. (2019) Reading the TED talk genre: Contradictions and pedagogical pleasures in spreading ideas about management. *Academy of Management Learning & Education* (journals.aom.org/doi/10.5465/amle.2017.0323).

Billig, M. (2014) Kurt Lewin's leadership studies and his legacy to social psychology: Is there nothing as practical as a good theory? *Journal for the Theory of Social Behaviour*, 45(4): 440–60.

Brandeis, L.D. (1911) *Scientific Management and the Railroads*. New York: Engineering Magazine.

Braverman, H. (1974) *Labor and Monopoly Capital*. New York: Monthly Review Press.

Burns, J.M. (1978) *Leadership*. New York: Harper and Row.

Cameron, K.S., Ireland, R.D., Lussier, R.N., New, J.R., and Robbins, S.P. (2003) Management textbooks as propaganda. *Journal of Management Education*, 27(6): 711–29.

Carroll, A.B. (1991) The pyramid of corporate social responsibility: Toward the moral management of organizational stakeholders. *Business Horizons*, July–August: 39–48.

Carroll, B., Firth, J., Ford, J., and Taylor, S. (2018) The social construction of leadership studies: Representations of rigour and relevance in textbooks. *Leadership*, 14(2): 159–78.

Chandler, A.D. (1962) *Strategy and Structure: Chapters in the History of the American Industrial Enterprise*. Cambridge, MA: Harvard University Press.

Clegg, S.R., Kornberger, M., Pitsis, T.S., and Mount, M. (2019) *Managing and Organizations: An Introduction to Theory and Practice*. 5th edn. Los Angeles, CA: Sage.

Cooke, B. (2003) The denial of slavery in management studies. *Journal of Management Studies*, 40(8): 1895–918.

Cooke, B. and Mills, A.J. (2008) The right to be human and human rights: Maslow, McCarthyism and the death of humanist theories of management. *Management & Organizational History*, 3(1): 27–47.

Copley, F.B. (1923) *Frederick W. Taylor: Father of Scientific Management*. Volume 2. New York: Harper and Brothers.

Davis, K. (1957) *Human Relations in Business*. New York: McGraw-Hill.

Dellheim, C. (1987) The creation of a company culture: Cadburys, 1861–1931. *The American Historical Review*, 92: 13–44.

Desmond, M. (2019) In order to understand the brutality of American capitalism, you have to start on the plantation. *New York Times*, August 14 (www.nytimes.com/interactive/2019/08/14/magazine/slavery-capitalism.html).

Donham, W.B. (1932) *Business Looks at the Unforseen*. New York: Whittlesey House/McGraw-Hill.

Drezner, D.W. (2017) *The Ideas Industry*. New York: Oxford University Press.

Drucker, P.F. (1995) Introduction: Mary Parker Follett: Prophet of Management. In P. Graham (ed.), *Mary Parker Follett Prophet of Management*. Boston, MA: Harvard Business School Press, pp. 1–9.

Earley, P.C. (1989) Social loafing and collectivism: A comparison of the United States and the People's Republic of China. *Administrative Science Quarterly*, 34(4): 565–81.

Empson, L. (2018) If you're so successful, why are you still working 70 hours a week? *Harvard Business Review*, February (hbr.org/2018/02/if-youre-so-successful-why-are-you-still-working-70-hours-a-week).

Emre, M. (2019) *The Personality Brokers: The Strange History of Myers-Briggs and the Birth of Personality Testing*. London: Penguin/Random House.

Fayol, H. (1916) Administration industrielle et générale-Prévoyance. *Organization, Commandement, Coordination, Contrôle*. Paris: H. Dunod et E. Pinat.

Fayol, H. (1949) *General and Industrial Management*. London: Pitman.

Fiedler, F.E. (1967) *A Theory of Leadership Effectiveness*. New York: McGraw-Hill.

Follett, M.P. (1918) *The New State*: London: Longmans, Green and Company.

Follett, M. P. (1924) *Creative Experience*. New York: Longmans, Green and Company.

Follett, M.P. (1925) Constructive conflict. In P. Graham (ed.) (1995) *Mary Parker Follett: Prophet of Management*. Boston, MA: Harvard Business School Press.

Foucault, M. (1979) *Discipline and Punish: The Birth of the Prison*. London: Allen Lane.

Foucault, M. (1985) *The History of Sexuality: Volume Two: The Use of Pleasure*. New York: Pantheon.

Fox, A. (1966) Managerial ideology and labour relations. *British Journal of Industrial Relations*, 4(1–3): 366–78.

Freeman, R.E. (1984) *Strategic Management: A Stakeholder Approach*. Boston, MA: Pitman.

Freeman, R.E., Harrison, J.S., Wicks, A.C., Parmar, B.L., and de Colle, S. (2010) *Stakeholder Theory: The State of the Art*. Cambridge: Cambridge University Press.

French, W.L. and Bell, C.H. (1995) *Organization Development*. 5th edn. Englewood Cliffs, NJ: Prentice-Hall.

Friedman, M. (1962) *Capitalism and Freedom*. Chicago, IL: University of Chicago Press.

Friedman, M. (1970) The social responsibility of business is to increase its profits. *The New York Times* magazine, September 13.

George, C.S. (1968/1972) *The History of Management Thought.* Englewood Cliffs, NJ: Prentice-Hall.

Gilbreth, F.B. and Carey, E.G. (1948) *Cheaper by the Dozen.* New York: Thomas Y. Crowell.

Gillard, J. (2014) *My Story.* Sydney, NSW: Random House.

Goffman, E. (1959) *The Presentation of Self in Everyday Life.* New York: Doubleday.

Gordon, R. (2016) *The Rise and Fall of American Growth: The US Standard of Living Since the Civil War.* Princeton, NJ: Princeton University Press.

Gordon, R. and Howell, J. (1959) *Higher Education for Business.* New York: Columbia University Press.

Grant, A. (2013) Goodbye to the MBTI, the fad that won't die. *Psychology Today*, September 18 (www.psychologytoday.com/nz/blog/give-and-take/201309/goodbye-mbti-the-fad-won-t-die).

Grant, A. (2016) Unless you're Oprah, 'be yourself' is terrible advice. *The New York Times*, June 4 (www.nytimes.com/2016/06/05/opinion/sunday/unless-youre-oprah-be-yourself-is-terrible-advice.html).

Grey, C. (2005) *A Very Short, Fairly Interesting and Reasonably Cheap Book about Studying Organizations.* London: Sage.

The Harvard Crimson (1932) Dean Donham's speech, September 21.

Hassard, J. (2012) Rethinking the Hawthorne Studies: The Western Electric Research in its social, political and historical context. *Human Relations*, 65(11): 1431–61.

Heckscher, C. (1994) Defining the post-bureaucratic type. In C. Heckscher and A. Donnellon (eds.), *The Post-bureaucratic Organization: New Perspectives on Organizational Change.* Thousand Oaks, CA: Sage, pp. 14–62.

Herzberg, F. (1968) One more time: How do you motivate employees? *Harvard Business Review*, 81(1): 87–96.

Hood, F.C. (1924, 11 January) Letter to W.B. Donham. Box 13, Folder 13–11. *Office of the Dean (Donham) Records, (AA1.1).* Harvard Business School Archives, Baker Library, Harvard Business School.

Huczynski, A. (2006) *Management Gurus.* Revised edn. London: Routledge.

Irfan, U. (2019) UN Climate Change Report: Four ways to be smarter about land use to fight climate chane, *Vox*, August 9 (www.vox.com/science-and-health/2019/8/9/20791617/climate-report-2019-un-land-ipcc-solutions).

Jackson, B. and Parry, K. (2018) *A Very Short, Fairly Interesting and Reasonably Cheap Book about Studying Leadership.* 3rd edn. London: Sage.

Jacques, R.S. (2006) History, historiography and organization studies: The challenge and the potential. *Management and Organizational History*, 1(1): 31–49.

Janis, I.L. (1971) Groupthink. *Psychology Today*, 26: 43–6, 74–6.

Janis, I.L. (1972) *Victims of Groupthink: A Psychological Study of Foreign-policy Secisions and Fiascoes*. Boston, MA: Houghton, Mifflin.

Jenkins, K. (2003) *Refiguring History: New Thoughts on an Old Discipline*. London: Routledge.

Jung, C.G. (1923) *Psychological Types*. London: Kegan Paul.

Karau, S.J. and Williams, K.D. (1993) Social loafing: A meta-analytic review and theoretical integration. *Interpersonal Relations and Group Processes*, 65(4): 681–706.

Kaufman, S.B. (2019) *Authenticity under fire*. June 14 (blogs. scientificamerican.com/beautiful-minds/authenticity-under-fire/).

Kavanagh, D. and Brigham, M. (2018) The Quakers: Forgotten pioneers. In T. Peltonen, H. Gaggiotti and P. Case (eds.), *Origins of Organizing*. Cheltenham, UK: Edward Elgar, pp. 147–66.

Khurana, R. (2007) *From Higher Aims to Hired Hands*. Princeton, NJ: Princeton University Press.

Klein, N. (2017) *This Changes Everything: Capitalism vs. the Climate*. London: Penguin Books.

Koontz, H. and O'Donnell, C. (1955) *Principles of Management: An Analysis of Managerial Functions*. New York: McGraw-Hill.

Kotter, J.P. (1995) Leading change: Why transformation efforts fail. *Harvard Business Review*, March/April: 59–67.

Kotter, J.P. (1996 and 2012) *Leading Change*. Boston, MA: Harvard Business School Press.

Kotter, J.P. and Schlesinger, L.A. (1979) Choosing strategies for change. *Harvard Business Review*, 57(2), March–April: 106–14. Reprinted in 2008.

Learmonth, M. and Morrell, K. (2019) *Critical Perspectives on Leadership: The Language of Corporate Power*. New York: Routledge.

Lewin, K. (1947) Frontiers in group dynamics: Concept, method and reality in social science; equilibrium and social change. *Human Relations*, 1(1): 5–41.

Lewin, K. (1951) *Field Theory in Social Science: Selected Theoretical Papers*. Ed. D. Cartwright. New York: Harper and Row.

Lussier, K. (2019) Of Maslow, motives, and managers: The hierarchy of needs in American business, 1960–1985. *Journal of the History of the Behavioral Sciences*. (onlinelibrary.wiley.com/doi/abs/10.1002/jhbs.21992).

Marens, R. (2012) Generous in victory? American managerial autonomy, labour relations and the invention of Corporate Social Responsibility. *Socio-Economic Review*, 10: 59–84.

Maslow, A.H. (1943) A theory of human motivation. *Psychological Review*, 50(4): 370–96.

Maslow, A.H. (1954, 1970, 1987) *Motivation and Personality*. New York: Harper and Row.

Matthews, D. (2018) The case against billionaire philanthropy. *Vox*, December 17 (www.vox.com/future-perfect/2018/12/17/18141181/foundation-charity-deduction-democracy-rob-reich).

Mayer, J.P. (1943) *Max Weber and German Politics*. London: Faber and Faber.

Mayo, E. (1933) *The Human Problems of an Industrial Civilization*. New York: Macmillan.

McDermid, C.D. (1960) How money motivates men. *Business Horizons*, 3(4): 93–100.

McFarland, D.E. (1958) *Management: Principles and Practices*. New York: Macmillan.

McGregor, D.M. (1960) *The Human Side of Enterprise*. New York: McGraw-Hill.

Mead, G.H. (1934) *Mind, Self and Society*. Chicago, IL: University of Chicago Press.

Metcalf, H.C. and Urwick, L. (1940/2004) *Dynamic Administration: The Collected Papers of Mary Parker Follett*. 1st edn. New York: Routledge.

Milgram, S. (1974) *Obedience to Authority: An Experimental View*. New York: Harper and Row.

Muhr, S.L. and Sullivan, K.R. (2013) 'None so queer as folk': Gendered expectations and transgressive bodies in leadership. *Leadership*, 9(3): 416–35.

Nelson, D.L. and Quick, J.C. (2013) *Organizational Behavior: Science, the Real World and You*. 8th edn. Mason, OH: Cengage Learning.

Nkomo, S.M. (2011) A postcolonial and anti-colonial reading of 'African' leadership and management in organization studies: Tensions, contradictions and possibilities. *Organization*, 18(3): 365–86.

O'Connor, E.S. (1999) The politics of management thought: A case study of the Harvard Business School and the Human Relations School. *Academy of Management Review*, 24(1): 117–31.

O'Doherty, D. and Vachhani, S. (2017) Individual differences, personality and self. In D. Knights and H. Willmott (eds.), *Introducing Organizational Behaviour and Management*. Andover, UK: Cengage Learning, pp. 78–112.

Orwell, G. (1949). *Nineteen Eighty-four*. London: Secker & Warburg.

Ouchi, W.G. (1981) *Theory Z: How American Business Can Meet the Japanese Challenge*. Reading, MA: Addison-Wesley.

Parker, M. (2002) *Against Management: Organization in the Age of Managerialism*. Cambridge, UK: Polity Press.

Pascale, R.T. and Athos, A.G. (1981) *The Art of Japanese Management*. Harmondsworth: Penguin.

Peters, T. and Waterman, R. (1982) *In Search of Excellence: Lessons from America's Best Run Companies*. London and New York: Harper Row.

Pfeffer, J. (2015) *Leadership BS: Fixing Workplaces and Careers One Truth at a Time*. New York: Harper Business.

Pierson, F. (1959) *The Education of American Businessmen: A Study of University-Collegiate Programs in Business Education*. New York: McGraw-Hill.

Porter, M.E. (1985) *The Competitive Advantage: Creating and Sustaining Superior Performance*. New York: Free Press.

Prieto, L.C. and Phipps, T.A. (2019) *African American Management History*. Bingley, UK: Emerald.

Reich, R. (2018) *Just Giving: Why Philanthropy is Failing Democracy and How it Can Do Better*. Princeton, NJ: Princeton University Press.

Reichers, A., Wanous, J., and Austin, J. (1997) Understanding and managing cynicism about organizational change. *Academy of Management Executive*, 11(1): 48–59.

Ringelmann, M. (1913) Recherches sur les moteurs animes: Travail de l'homme [Research on animate sources of power: The work of man]. *Annales de l'Institut National Agronomique*, 2e serie-tome XII, 1–40.

Robbins, S.P., DeCenzo, D., Coulter, M., and Woods, M. (2016) *Management: The Essentials*. 3rd edn. Melbourne, Vic.: Pearson.

Roberts, J. (2017) Motivation and the self. In D. Knights and H. Willmott (eds.), *Introducing Organizational Behaviour and Management*. Andover, UK: Cengage Learning, pp. 40–77.

Rosenthal, C. (2018) *Accounting for Slavery: Masters and Management*. Cambridge, MA: Harvard University Press.

Samson, D., Donnet, T., and Daft, R.L. (2018) *Management*. Melbourne, Vic.: Cengage.

Schein, E.H. (2010) *Organizational Culture and Leadership*. San Francisco, CA: Jossey Bass.

Schein, E.H. (2015a) Organizational psychology then and now: Some observations. *Annual Review of Organizational Psychology and Organizational Behavior*, 2: 1–19.

Schein, E.H. (2015b) *Destroy the iceberg (Reported discussion of iceberg metaphor)*, Brighton Leadership Group, October 6 (bright onleadership.com/2015/10/06/destroy-the-iceberg/).

Schermerhorn, J.R., Davidson, P., Woods, P., Factor, A., Simon, A., McBarron, E., and Janaid, F. (2020) *Management*. 7th Asia-Pacific edn. Milton, Qld: Wiley.

Schubert, J.N., Stewart, P.A., and Curran, M.A. (2002) A defining presidential moment: 9/11 and the rally effect. *Political Psychology*, 23(3): 559–83.

Sinclair, A. (2005) *Doing Leadership Differently*. 2nd edn. Melbourne, Vic.: Melbourne University Press.

Sinclair, A. (2007) *Leadership for the Disillusioned: Moving Beyond Myths and Heroes to Leading that Liberates*. London: Allen and Unwin.

Smith, A. (1759/2010) *The Theory of Moral Sentiments* (with an Introduction by A. Sen). Harmondsworth: Penguin Classics.

Smith, A. (1776/2012) *The Wealth of Nations*. Ware, UK: Wordsworth Editions Ltd.

Smith, A., Tennent, K., and Russell, J.D. (2019) The rejection of industrial democracy by Berle and Means and the emergence of the ideology of managerialism. *Economic and Industrial Democracy*, October 30 (journals.sagepub.com/doi/full/10.1177/0143831X 19883683).

Spaulding, C.C. (1927a) The administration of big business. *The Pittsburgh Courier*, August 13, p. 4.

Spaulding, C.C. (1927b) The administration of big business. *The Pittsburgh Courier*, August 20, p. 8.

Stogdill, R.M. (1948) Personal factors associated with leadership: A survey of the literature. *Journal of Psychology*, 25(1): 35–71.

Stoner, J. (1982) *Management*. Englewood Cliffs, NJ: Prentice-Hall.

Tarbell, I. (1904) *The History of the Standard Oil Company*. New York: McClur Phillips & Co.

Taylor, F.W. (1903) *Shop Management*. New York: Harper and Row.

Taylor, F.W. (1911) *The Principles of Scientific Management*. New York: Harper and Row.

Taylor, S. (2015) Trait theories on leaders and leadership: From Ancient Greece to twenty-first-century neuroscience. In B. Carroll, J. Ford and S. Taylor (eds.), *Leadership: Contemporary Critical Perspectives*. Thousand Oaks, CA: Sage, pp. 26–44.

Terry, G. R. (1956) *Principles of Management*. Homewood, IL: Richard D. Irwin Inc.

The Book of Life. The importance of Maslow's pyramid of needs. Available at: www.theschooloflife.com/thebookoflife/the-importance-of-maslows-pyramid-of-needs/.

TIME. (2014) *The 25 most influential business management books.* Available at: content.time.com/time/specials/packages/completelist/0,29569,2086680,00.html (accessed 3 March, 2020).

Tonn, J.C. (2003) *Mary P. Follett: Creating Democracy, Transforming Management.* New Haven, CT: Yale University Press.

Tourish, D. (2013) *The Dark Side of Transformational Leadership: A Critical Perspective.* London: Routledge, pp. 20–39.

Tuckman, B. (1965) Developmental sequence in small groups. *Psychological Bulletin*, 63(6): 384–99.

Tuckman, B. and Jensen, M.C. (1977) Stages of small-group development revisited. *Group and Organization Studies*, 2(4): 419–27.

Veblen, T. (1918) *The Higher Learning in America: A Memorandum on the Conduct of Universities by Businessmen.* New York: B.W. Huebsch.

Vroom, V.H. (1964) *Work and Motivation.* New York: Wiley.

Wahba, M.A. and Bridwell, L.G. (1976) Maslow reconsidered: A review of research on the need hierarchy theory. *Organizational Behavior and Human Performance*, 15: 212–40.

Walker, B.W. and Caprar, D.V. (2019) When performance gets personal: Towards a theory of performance-based identity. *Human Relations*, June 20 (doi.org/10.1177/0018726719851835).

Walsh, J.P. (2005) Book review essay: Taking stock of stakeholder management. *Academy of Management Review*, 30(2): 426–52.

Weber, M. (1948) *From Max Weber: Essays in Sociology.* Translated by H. Gerth and C.W. Mills. London: Routledge.

Whitehead, A.N. (1925) *Science and the Modern World.* New York: Macmillan.

Whyte, W.H. (1952) Groupthink. *Fortune*, March.

Whyte, W.H. (1956) *The Organization Man.* New York: Simon and Schuster.

Willmott, H. (1993) Strength is ignorance; Slavery is freedom: Managing culture in modern organizations. *Journal of Management Studies*, 30(4): 515–52.

Wray-Bliss, E. (2017) Ethics at work. In D. Knights and H. Willmott (eds.), *Introducing Organizational Behaviour and Management.* Andover, UK: Cengage Learning, pp. 564–95.

Wren, D.A. (1972) *The Evolution of Management Thought.* New York: The Ronald Press.

Wren, D.A. (1994) *The Evolution of Management Thought.* 4th edn. New York: Wiley.

Zaleznik, A. (1977) Managers and leaders: Are they different? *Harvard Business Review*, May–June.

图书在版编目（CIP）数据

管理学的进化／（新西兰）托德·布里奇曼，
（新西兰）斯蒂芬·卡明斯著；原理，李璐薇，钟家渝译
. -- 北京：中国人民大学出版社，2023.10
　　ISBN 978-7-300-31870-7

　　Ⅰ.①管… Ⅱ.①托… ②斯… ③原… ④李… ⑤钟
… Ⅲ.①管理学－研究 Ⅳ.①C93

中国国家版本馆 CIP 数据核字（2023）第 121995 号

管理学的进化

［新西兰］ 托德·布里奇曼
　　　　　斯蒂芬·卡明斯 　著

原　理　李璐薇　钟家渝　译

Guanlixue de Jinhua

出版发行	中国人民大学出版社		
社　　址	北京中关村大街 31 号	**邮政编码**	100080
电　　话	010 - 62511242（总编室）	010 - 62511770（质管部）
	010 - 82501766（邮购部）	010 - 62514148（门市部）
	010 - 62515195（发行公司）	010 - 62515275（盗版举报）
网　　址	http://www.crup.com.cn		
经　　销	新华书店		
印　　刷	北京联兴盛业印刷股份有限公司		
开　　本	890 mm×1240 mm　1/32	**版　　次**	2023 年 10 月第 1 版
印　　张	8.25 插页 2	**印　　次**	2023 年 10 月第 1 次印刷
字　　数	128 000	**定　　价**	69.00 元